W9-CIF-594

LE JEU DE LA VIE

ET

COMMENT LE JOUER

Du même auteur :

VOTRE PAROLE EST UNE BAGUETTE
MAGIQUE

LA PORTE SECRETE MENANT A LA
REUSSITE

———

Traduit de l'Anglais
Copyright 1941 par Gerald J. Rickard
Tous droits réservés

I S B N 2-900219-08-9

FLORENCE SCOVEL SHINN

LE JEU
DE LA VIE

ET

COMMENT LE JOUER

Traduit de l'anglais par
D^r M<small>ARY</small> STERLING

ÉDITIONS ASTRA
10, R<small>UE</small> R<small>OCHAMBEAU</small>, 10
═══ PARIS - 9e ═══

La traductrice de cet ouvrage,

Dr Mary STERLING,

docteur en Ontologie et Psychologie, est la Fonda-trice Leader du Centre UNITE UNIVERSELLE, 22 rue de Douai - 75009 Paris. Tél. 48.74.70.89.

UNITE UNIVERSELLE publie chaque mois une revue.

Le Dr Mary STERLING reçoit sur rendez-vous (se renseigner au Centre).

Vous serez les bienvenus à la salle de lecture du Centre, du lundi au samedi inclus, de 14 h 30 à 17 h 30.

CHAPITRE I

LE JEU

LA plupart des gens considèrent la vie comme une bataille, or la vie n'est point une bataille mais un jeu.

C'est un jeu, cependant, où l'on ne peut gagner si l'on ne possède pas la connaissance de la loi spirituelle. L'Ancien et le Nouveau Testament donnent avec une merveilleuse clarté les règles du jeu. Jésus-Christ a enseigné que ce jeu s'appelle *Donner et Recevoir*.

« Tout ce qu'un homme sème il le récoltera », ce qui signifie que ce qu'un homme donne par la parole ou par l'action lui sera rendu ; ce qu'il donne, il le recevra. S'il sème la haine, il recevra la haine ; s'il aime, il sera aimé en retour ; s'il critique, il ne sera pas épargné à son tour ; s'il ment, on lui mentira ; et s'il triche, il sera volé. On nous apprend aussi que l'imagination joue un rôle primordial dans le jeu de la vie.

« Garde ton cœur (ou ton imagination) plus que toute autre chose, car de lui viennent les sources de la vie » (Prov. : 4 : 23).

Ce qui signifie que ce que l'homme imagine s'extériorise, tôt ou tard, dans ses affaires. Je connais un Monsieur qui redoutait une certaine maladie. C'était une maladie très rare et difficilement contagieuse, mais il se la représentait sans cesse et lisait des articles à ce sujet, si bien qu'un jour elle se manifesta dans son corps, et il mourut victime de son imagination déréglée.

Nous voyons donc que, pour jouer avec succès au Jeu de la vie, il nous faut bien diriger notre imagination. Celui dont l'imagination a été entraînée à ne se représenter que le bien, attire dans sa vie « tous les désirs justes de son cœur » — la santé, la richesse, l'amour, les amis, la parfaite expression de soi et la réalisation du plus haut idéal.

L'imagination a été appelée « *Les ciseaux de l'esprit* », et, en fait, elle découpe, découpe sans cesse, jour après jour les images que l'homme y forme et, tôt ou tard, il rencontre sur le plan extérieur ses propres créations. Pour former convenablement son imagination, l'homme doit connaître la nature des opérations de son esprit ; les Grecs disaient : « Connais-toi toi-même. »

L'esprit comprend trois plans : *le subconscient, le conscient et le super-conscient.* Le subconscient n'est que puissance sans direction. Il est semblable à la vapeur ou à l'électricité et accomplit ce qu'on lui commande ; il n'a point de pouvoir intrinsèque.

Tout ce que l'homme ressent profondément ou imagine clairement est imprimé sur le subconscient et se manifeste dans le moindre détail.

Par exemple, une dame de ma connaissance jouait toujours, étant enfant, à faire semblant d'être « veuve ». Elle s'habillait de noir, avec un long voile et son entourage la trouvait très drôle et amusante. Devenue grande, elle épousa un homme qu'elle aimait profondément. Peu de temps après il mourut et elle porta un long voile de deuil pendant bien des années. Son subconscient, impressionné par l'image qu'elle avait formée, en temps voulu, l'extériorisa sans égards pour sa douleur.

Le conscient a été appelé esprit mortel ou charnel. C'est l'esprit humain qui voit la vie telle qu'elle *apparaît*. Il voit la mort, les désastres, la maladie, la pauvreté, et les limitations de toutes sortes, et il imprime tout cela sur le subconscient.

Le super-conscient est l'Esprit Dieu qui est en chaque homme, c'est le plan des idées parfaites.

C'est là que se trouve le « *modèle parfait* » dont parlait Platon, le Plan Divin ; car il y a un plan divin pour chacun.

« *Il existe une place que vous devez occuper et que personne d'autre ne peut occuper, vous avez une tâche à faire que personne d'autre ne peut accomplir.* »

Il existe de ceci une image parfaite dans le superconscient. Cette image se projette parfois comme un éclair dans le conscient et semble un idéal hors d'atteinte, quelque chose de trop beau pour être vrai.

En réalité, c'est la destinée véritable (la destination) de l'homme, projetée par l'Intelligence Infinie qui est en lui-même.

Beaucoup, cependant, sont dans l'ignorance de leur véritable destinée et s'efforcent vers des choses, des situations qui ne leur appartiennent pas et qui ne leur apporteraient qu'échec et mécontentement s'ils arrivaient à les posséder.

Une jeune femme, par exemple, vint me

voir pour me demander de « prononcer la
parole » (1) afin d'épouser un homme dont elle
était très éprise. (Elle le nomma A. B.).

Je lui dis que ce serait une violation de la
loi spirituelle, mais que je prononcerai la
parole pour l'homme qui était celui du choix
divin, l'homme qui lui appartenait par droit
divin.

Et j'ajoutai : « Si A. B. est cet homme-là,
vous ne pouvez pas le perdre, sinon vous
recevrez son équivalent. » Elle rencontrait
A. B. constamment, mais il ne se déclarait pas.
Un soir, elle vint me voir et me dit : « Savez-
vous que depuis une semaine A. B. ne me
semble plus si remarquable ? » Je lui répondis : « Peut-être n'est-il pas l'homme du Plan
Divin, — il se peut qu'il y en ait un autre. »
Peu après, elle rencontra quelqu'un qui s'éprit
d'elle immédiatement et lui déclara qu'elle
était son idéal. En fait, il lui dit toutes les choses qu'elle désirait tant entendre de la part
d'A. B. Elle trouva cela tout à fait étonnant.
Bientôt elle répondit à ses vœux et cessa complètement de s'intéresser à A. B.

Ceci est un exemple de la loi de la substi-

---

(1) Cette expression que l'on retrouvera tout au
long de ce livre signifie affirmer, rétablir la Vérité.

tution. Une idée juste fut substituée à une idée fausse, par conséquent, il n'en résulta ni perte, ni sacrifice.

Jésus-Christ a dit : « Cherchez d'abord le Royaume de Dieu et Sa justice, tout le reste vous sera donné par surcroît » et Il a affirmé aussi que le Royaume est au-dedans de nous.

Le Royaume est le plan des *idées justes,* celui du modèle divin.

Jésus-Christ a enseigné aussi que nos paroles jouent un rôle capital dans le Jeu de la vie. « Par tes paroles tu seras justifié, et par tes paroles tu seras condamné. »

Bien des personnes ont été cause du désastre de leur vie par leurs paroles inconsidérées.

C'est ainsi qu'une dame me demanda un jour pourquoi sa vie était devenue pauvre et étriquée. Elle avait eu un foyer rempli de jolies choses et possédait alors beaucoup d'argent. En cherchant, nous trouvâmes qu'elle s'était lassée de diriger sa maison, qu'elle répétait sans cesse : « J'en ai assez de toutes ces choses — je voudrais vivre dans une malle ! » Elle ajouta : « Aujourd'hui c'est chose faite. » Sa parole l'y avait précipitée. Le subconscient n'a point le sens de l'humour et les gens provoquent souvent leurs malheurs par leurs plaisanteries.

Voici encore un exemple : Une personne, qui possédait une jolie fortune, plaisantait constamment, disant qu'elle « se préparait à entrer à l'hospice ».

En quelques années elle fut presque ruinée, ayant imprimé sur son subconscient l'image de la médiocrité et de la pauvreté.

Par bonheur *la loi est à double tranchant,* et une situation malheureuse peut être transformée en situation avantageuse.

Une consultante vint chez moi, par une chaude journée d'été, pour me demander un « traitement » (en métaphysique « traiter » signifie soumettre à l'action de la prière N.T.) pour la prospérité. Elle était épuisée, abattue, découragée et me dit qu'elle ne possédait juste que huit dollars au monde. Je lui répondis : « C'est parfait, nous allons les bénir et les multiplier comme Jésus-Christ multiplia les pains et les poissons », car Il a enseigné que *tout homme* a le pouvoir de bénir et de multiplier, de guérir et de prospérer.

« — Et ensuite, que dois-je faire ? »

« — Suivez votre intuition. Avez-vous une attirance pour quelque chose ou quelque endroit ? » Intuition vient de intueri — voir de l'intérieur, c'est-à-dire être enseigné de l'intérieur. L'intuition est le guide infaillible de l'homme, et je parlerai plus longuement, dans un autre chapitre, de ses lois.

Cette dame réfléchit : « Je ne sais pas — il me semble que je devrais rentrer dans ma famille, j'ai juste assez d'argent pour y aller par la route. » Sa famille se trouvait dans une ville éloignée et n'était pas riche ; le raisonnement, l'intellect, semblaient dire : « Reste à New York, trouve du travail et gagne de l'argent. » Mais je lui dis : « Alors rentrez chez vous — ne rejetez jamais une intuition », et je prononçai pour elle la parole suivante : *« Esprit Infini, ouvre la voie vers la grande abondance pour Mme X..., elle s'attire irrésistiblement tout ce qui lui appartient par droit divin.* » Et je lui recommandai de répéter cela sans cesse. Elle partit immédiatement. Quelques jours plus tard, en faisant une visite, elle retrouva une vieille amie de sa famille.

Par le truchement de cette amie, elle reçut des milliers de dollars d'une façon miraculeuse. Depuis, elle m'a dit souvent : « Racontez l'histoire de la dame qui est venue vous voir avec huit dollars en poche et une intuition. »

L'abondance existe toujours sur la route de l'homme ; mais elle ne peut se manifester que par le désir, la foi ou la parole prononcée.

Jésus-Christ a indiqué clairement que c'est à l'homme de faire le premier pas.

« *Demandez,* et vous recevrez, cherchez et vous trouverez, frappez et l'on vous ouvrira. » (Matt. : 7 : 7.)

Et dans les Ecritures nous lisons : « En ce qui concerne les travaux de mes mains, commandez-moi. »

L'Intelligence Infinie, Dieu, est toujours prêt à réaliser les désirs, petits ou grands, des humains.

Or, tout désir exprimé, ou inexprimé, est une demande. Nous sommes souvent étonnés de voir un souhait brusquement réalisé. Une année, au moment de Pâques, voyant de beaux rosiers dans les vitrines des fleuristes, je souhaitai en recevoir un et, pendant un instant, j'en vis mentalement un déposé à ma porte.

Le jour de Pâques, il m'arriva un superbe rosier. Le lendemain, je remerciais l'amie qui me l'avait offert en lui disant que c'était précisément ce que je souhaitais.

Elle s'écria : « Je ne vous ai pas envoyé de rosier, je vous ai envoyé des lis ! »

Le fleuriste avait confondu sa commande avec une autre et m'avait apporté le rosier simplement parce que j'avais mis en action la loi, et *qu'il fallait que je reçoive un rosier.*

Rien ne s'interpose entre l'homme, son plus haut idéal et chaque désir de son cœur, si ce n'est le doute et la crainte. Lorsque l'homme sait souhaiter hardiment, tous ses désirs se réalisent instantanément.

Dans un chapitre suivant, j'expliquerai plus complètement la raison scientifique de ceci et comment la peur doit être effacée du conscient. C'est l'unique ennemie de l'homme — peur de la pauvreté, de l'échec, de la maladie, des pertes, *tout sentiment d'insécurité sur quelque plan que ce soit*. Jésus-Christ a dit : « Pourquoi as-tu peur, homme de peu de foi ? » (Matth., 8 : 26.) Nous voyons donc qu'il nous faut substituer la foi à la peur, car la peur n'est que de la foi inversée : c'est la foi dans le mal au lieu du bien.

Le but du Jeu de la vie c'est de voir clairement le bien et d'effacer du mental toutes les images du mal. Ceci doit être obtenu en imprimant sur le subconscient la réalisation du bien. Un homme très brillant qui avait atteint à une grande réussite, me raconta qu'il avait brusquement effacé toute crainte de sa conscience en lisant un jour un écriteau en lettres majuscules ainsi conçu : « *Ne vous inquiétez pas, cela ne se produira probablement jamais.* » Ces mots frappèrent de façon indélébile son subconscient ; il a maintenant la ferme conviction que seul le bien veut entrer dans sa vie et, par conséquent, seul le bien se manifeste.

Dans le chapitre suivant, je traiterai des différentes méthodes par lesquelles on peut impressionner le subconscient. Celui-ci est le fidèle serviteur de l'homme, mais il faut avoir soin de lui donner des ordres convenables. L'homme a constamment près de lui un témoin attentif — son subconscient.

Chaque mot, chaque parole se grave dans le subconscient et se réalise en des détails surprenants. Cela ressemble à un chanteur dont la voix serait enregistrée sur un disque. S'il tousse ou s'il hésite, le disque l'enregistre aussi. Brisons donc le vieux disque mauvais du subconscient, les disques de notre vie que nous ne voulons pas conserver, et faisons-en de neufs et de beaux.

Prononcez tout haut, avec force et conviction, ces paroles : « Je brise et je démolis (par ma parole) tout ce qui, dans mon subconscient, est faux. Tout cela retourne au néant, car toutes ces pensées fausses sont sorties de ma vaine imagination. A présent, je grave de nouveaux disques par la puissance du Christ qui est en moi, ce sont *la santé, la richesse, l'amour et l'expression parfaite de mon Etre.* Voilà la quadrature de la vie, le jeu complété. »

Un peu plus loin je montrerai comment l'homme peut modifier les conditions de sa vie, en changeant ses paroles. Celui qui ne connaît point la puissance de la parole est en retard sur son temps.

« *La mort et la Vie sont au pouvoir de la langue.* » (Prov. 18 : 21.)

CHAPITRE II

LA LOI DE LA PROSPERITE

« OUI, le Tout Puissant sera ta défense et tu ne manqueras point d'or. »

Un des plus grands messages des Ecritures à l'homme c'est que Dieu est sa ressource et que, *par sa parole,* l'homme peut faire surgir tout ce qui lui appartient par droit divin. Cependant, il doit avoir une *foi entière dans la parole qu'il prononce.*

Esaïe dit : « Ma parole ne retourne point à moi sans effet, sans avoir exécuté ma volonté et accompli mes desseins. » Nous savons à présent que les paroles et les pensées ont une puissance vibratoire énorme, qui sans cesse façonne le corps et les affaires.

Une consultante vint un jour me voir, elle était dans un état d'inquiétude extrême et me dit que le quinze du mois elle allait être poursuivie pour une somme importante. Elle ne voyait aucun moyen de se la procurer, elle était désespérée.

Je lui expliquai que Dieu était sa ressource et que cette ressource *existe pour toutes les demandes*.

Et je prononçai la parole ! Je rendis grâces de ce qu'elle recevait cet argent au moment opportun et d'une façon convenable. Puis je lui dis qu'il fallait qu'elle ait une foi parfaite et qu'elle agisse selon cette foi. Le quinze arriva et l'argent ne s'était pas matérialisé.

Elle m'appela au téléphone pour me demander ce qu'elle devait faire.

Je lui répondis : « C'est aujourd'hui samedi, vous ne serez donc pas poursuivie. Votre rôle est d'agir comme si vous étiez riche et de faire preuve d'une foi parfaite, une foi qui compte sur la somme pour lundi. » Elle me pria de déjeuner avec elle pour fortifier son courage. Lorsque je la rejoignis au restaurant, je lui affirmai : « Ce n'est pas le moment d'économiser. Commandez un déjeuner fin, agissez comme si vous aviez reçu l'argent sur lequel vous comptiez.

« Tout ce que vous demanderez en priant, *croyez que vous l'avez reçu*. » Le lendemain, elle m'appela de nouveau pour me demander de passer la journée avec elle.

« Non, lui dis-je, vous êtes divinement protégée, et Dieu n'est jamais en retard. »

Le soir, elle me rappela, très émue. « Ma chère, il s'est produit un miracle ! J'étais dans mon salon, ce matin, lorsqu'on a sonné à ma porte. J'avertis la femme de chambre : « Ne laissez entrer personne. » Elle regarda par la fenêtre et me dit que c'était mon cousin, « celui qui porte une grande barbe blanche ».

« Alors, rappelez-le. Je désire le voir. » Il allait contourner le coin de la rue lorsqu'il entendit la voix de la femme de chambre et *revint sur ses pas.*

« Nous eûmes un entretien d'une heure et au moment de partir, il me demanda : « Ah, à propos, où en sont vos finances ? » Je lui avouai que j'avais besoin d'argent et il me dit : « Eh bien, ma chère, je vous donnerai ces trois mille dollars le premier du mois. » « Je n'ai pas osé lui confier que j'allais être poursuivie. Que dois-je faire ? Je ne *recevrai l'argent* que le premier du mois et il me le faut pour demain. » Je lui répondis que je continuerai de « traiter » (nous rappelons que traiter en métaphysique, veut dire soumettre une personne ou une situation à l'action de la prière. N.T.). Et j'ajoutai : « L'Esprit n'agit jamais trop tard. Je rends grâce de ce qu'elle a reçu cet argent sur le plan invisible et de ce qu'il se manifestera en temps voulu. » Le lendemain matin, son cousin l'appela et lui dit : « Passez à mon bureau ce matin, je vais vous remettre la somme. » Ce même après-midi, l'argent était disposé à son compte en banque et elle signait des chèques aussi rapidement que le permettait son émoi.

Si l'on demande le succès tout en se préparant à l'échec, c'est la situation pour laquelle on s'est préparé que l'on obtiendra. Un Monsieur vint me demander de prononcer la parole pour que soit annulée une certaine dette. Je m'aperçus qu'il passait son temps à chercher ce qu'il dirait à celui auquel il devait cette somme lorsqu'il ne serait pas en mesure de payer sa note, neutralisant ainsi ma parole. Or, il aurait dû se voir en train de payer sa dette.

Nous avons une merveilleuse illustration de ceci dans la Bible, avec les trois rois qui, dans le désert, sans eau pour leurs hommes et pour leurs chevaux, consultèrent le prophète Elisée. Il leur communiqua cet étonnant message :

« Ainsi parle le Seigneur — faites dans cette

vallée des fosses, des fosses. Vous ne verrez
point le vent, vous ne verrez point la pluie,
cependant cette vallée se remplira d'eau et
vous boirez vous, vos troupeaux et votre
bétail. »

L'homme doit se préparer à recevoir ce
qu'il a demandé *alors qu'il n'y a pas le
moindre signe en vue.* la foi

Une dame désirait trouver un appartement
pendant l'année où il y eut grande pénurie de
logements à New York. Cela passait pour
impossible et ses amis lui témoignaient leur
inquiétude en disant : « Quel dommage, vous
allez être obligée de mettre vos meubles en
garde et de vivre à l'hôtel. » Mais elle répondit : « *Ne vous inquiétez pas à mon égard.
Je suis superhumaine et j'aurai mon appartement.* »

Elle prononça la parole : « *Esprit infini,
ouvre la voie vers l'appartement convenable.* »
Elle savait qu'il existe de quoi pourvoir à
chaque demande, qu'elle était spirituellement
libre, travaillant sur le plan spirituel et « qu'un
avec Dieu est une majorité. »

Elle avait l'intention d'acheter de nouvelles
couvertures, lorsque « le tentateur », la pensée
négative, la raison lui suggéra : « Ne les
achète pas, peut-être, après tout, ne trou-

veras-tu pas d'appartement et tu ne sauras qu'en faire. » Elle se répondit promptement à elle-même : « Je vais « creuser mes fosses » en achetant les couvertures ! » Elle se prépara donc à recevoir son appartement — agit comme si elle l'avait déjà — et en trouva un d'une façon miraculeuse, qui lui fut attribué bien qu'il y eût deux cents autres postulants.

Les couvertures avaient été un acte de foi.

Inutile de rappeler que les fosses creusées par les trois rois dans le désert furent remplies au point de déborder. (Lisez II Rois, 3.)

Se mettre au diapason des choses spirituelles n'est point commode pour la plupart des gens. Les pensées adverses de doute, de crainte surgissent du subconscient. Ce sont les « armées étrangères » qui doivent être mises en fuite. Ceci explique pourquoi il fait souvent « plus sombre avant l'aurore ».

Une grande démonstration est généralement précédée de pensées lancinantes.

Ayant déclaré de hautes vérités spirituelles, on lance un défi aux anciennes idées enfouies dans le subconscient et l'erreur se manifeste qui doit être exterminée.

C'est le moment de faire de fréquentes affirmations, de se réjouir et de rendre grâces de ce que l'on a déjà reçu.

« Avant qu'ils n'appellent, je répondrai. »
Ceci signifie que « chaque bon et parfait don »
attend que l'homme le reconnaisse, car il lui
appartient déjà.

L'homme ne peut obtenir que ce qu'il se
voit recevoir.

Les enfants d'Israël reçurent la certitude
qu'ils pourraient posséder toutes les terres
qu'ils voyaient. Ceci est vrai pour tout homme.
Il ne possède que ce qui existe dans sa propre
vision mentale. Toute grande œuvre, tout ce
qui s'est fait de puissant a été manifesté par
la vision, or souvent, juste au moment d'une
éclatante démonstration, surgissent l'apparent
échec et le découragement.

Les enfants d'Israël, lorsqu'ils atteignirent
la « Terre Promise », n'osaient y entrer, car,
disaient-ils, elle était peuplée de géants qui
leur donnaient l'impression d'être des sauterelles. C'est une expérience commune à tous
les hommes.

Cependant, celui qui connaît la loi spirituelle n'est point troublé par les apparences
et se réjouit tandis qu'il est « encore en cap-
tivité ». C'est-à-dire qu'il persiste à voir la
vérité et qu'il rend grâces de ce que tout est
accompli, de ce que, déjà, il a reçu.

Jésus-Christ a donné de ceci un merveilleux

exemple. Il a déclaré à Ses disciples : « Ne
dites-vous pas, il y a encore quatre mois jusqu'à la moisson ? Voici, je vous le dis, levez
les yeux et regardez les champs qui sont déjà
mûrs pour la moisson. » Sa vision claire trans-
perçait le monde de la matière et Il voyait net-
tement le monde de la quatrième dimension,
les choses comme elles sont en réalité, parfaites et complètes en l'Esprit Divin. C'est ainsi
que l'homme doit constamment maintenir la
vision du but de son voyage et demander la
manifestation de ce qu'il a déjà reçu, que ce
soit une santé parfaite, l'amour, la prospérité,
la faculté de s'exprimer parfaitement, un
foyer, des amis.

Toutes ces choses sont des idées parfaites
et achevées, enregistrées dans l'Esprit Divin
(le super-conscient de l'homme), elles doivent
se manifester non à lui mais à travers lui. Par
exemple, un homme vint me demander de le
« traiter » pour réussir une affaire. Il lui était
indispensable de trouver, dans une certaine
limite de temps, cinquante mille dollars. Le
temps était presque écoulé lorsque, désespéré,
il vint me voir. Personne ne voulait lui confier
de capitaux et la banque avait catégorique-
ment refusé un prêt. Je lui dis : « Je suppose
que vous vous êtes mis en colère à la banque,

perdant ainsi vos forces. Vous pouvez maîtriser toutes les situations si vous savez vous
maîtriser vous-même. Retournez à la banque,
ajoutai-je, et je vais « traiter ». Voici quel fut
mon traitement : « Par l'amour vous êtes iden-
tifié à l'esprit de tous ceux qui sont dans cette
banque. Que l'idée divine sorte de cette situation. » Il s'écria : « A quoi pensez-vous ? C'est
impossible. C'est demain samedi, la banque
ferme à midi et mon train n'arrive pas là-bas
avant dix heures, de plus, le délai expire
demain et, de toute façon, ils ne veulent rien
entendre. Il est trop tard. » Je lui répondis :
« Dieu ne se soucie pas du temps, il n'est
jamais trop tard pour Lui. Avec Lui, toutes
choses sont possibles », et j'ajoutai : « Je ne
connais rien aux affaires, mais je connais
bien Dieu. » Il me répondit : « Tout cela est
magnifique lorsque je vous écoute, mais une
fois sorti, ce sera angoissant. » Il habitait une
ville éloignée et je n'en entendis plus parler
pendant une semaine, puis une lettre arriva.
J'y lus ceci : « Vous aviez raison. J'ai pu
emprunter l'argent ; jamais plus je ne dou-
terai de la vérité et de tout ce que vous
m'avez dit. »

Je revis ce monsieur plusieurs semaines plus
tard et lui demandai : « Que s'est-il passé ?

De toute évidence vous avez eu le temps nécessaire. » Il me répondit : « Mon train avait du retard, je ne suis donc arrivé à la banque qu'à midi moins un quart. Je suis entré tranquillement et j'ai dit : « Je viens pour l'emprunt », et on me l'a accordé sans objection. »

C'était le dernier quart d'heure qui lui fut alloué et l'Esprit Infini ne fut pas en retard. En cette occasion, cet homme n'aurait jamais été capable de faire seul sa démonstration. Il avait besoin que quelqu'un l'aidât à maintenir la vision parfaite. C'est ce que nous pouvons faire les uns pour les autres.

Jésus-Christ savait cette vérité lorsqu'il a dit : « Si deux d'entre vous s'entendent sur terre pour demander quelque chose, elle leur sera accordée par mon Père qui est aux cieux. » Seul, on est trop absorbé par ses propres affaires, et l'on devient la proie du doute et de la peur.

L'ami, le « guérisseur » voit clairement le succès, la santé ou la prospérité et ne faiblit point parce qu'il n'est pas en cause.

Il est infiniment plus facile de faire une « démonstration » pour autrui que pour soi-même, par conséquent il ne faut pas hésiter à demander de l'aide si l'on se sent faible.

Un puissant observateur de la vie a dit un

jour : « Aucun homme ne peut échouer si une seule personne croit à sa réussite. » Tel est le pouvoir de la vision et plus d'un homme a dû sa réussite à une épouse, une sœur ou un ami qui croyait en lui et qui, sans faiblir, sut maintenir la vision du modèle parfait !

CHAPITRE III

LA PUISSANCE DE LA PAROLE

« P<small>AR</small> tes paroles tu seras justifié et par tes paroles tu seras condamné. »

Celui qui connaît le pouvoir de la parole fait très attention à sa conversation. Il lui suffit de surveiller les réactions causées par ses paroles pour savoir qu'elles « ne retournent point à moi sans effet ». Par sa parole, l'homme se crée sans cesse à lui-même, des lois.

J'ai connu quelqu'un qui disait : « Je manque toujours l'autobus. Invariablement il passe au moment où j'arrive. » Sa fille, elle, disait : « J'attrape toujours l'autobus. Il arrive régulièrement en même temps que moi. » Et cela continua pendant des années. Chacun avait établi une loi pour soi, l'une d'échec, l'autre de réussite. Voilà l'explication psychologique des superstitions.

Le fer à cheval, le poil d'éléphant n'ont en eux-mêmes aucun pouvoir, mais la parole et

la croyance qui affirment qu'ils portent bonheur créent un état d'optimisme dans le subconscient qui attire la « chance ». Cependant
j'ai observé que ceci est sans effet pour les gens
qui, plus avancés spirituellement, connaissent
une plus haute loi. Ceci s'explique ; on ne
peut pas revenir en arrière et l'on doit écarter
les « images taillées ». Deux de mes élèves
avaient eu de grands succès en affaires depuis
plusieurs mois, lorsque, brusquement, tout
alla mal. Nous nous efforçâmes d'analyser la
situation et je découvris qu'au lieu de faire
leurs affirmations et de s'en remettre à Dieu
pour leur réussite et leur prospérité, ils avaient
fait l'acquisition de deux singes « porte-bonheur ». « Ah — leur dis-je — je comprends,
vous avez mis votre foi dans les singes et non
en Dieu. Débarrassez-vous des singes et faites
appel à la loi du pardon. » Car l'homme a
le pouvoir de pardonner, c'est-à-dire de neutraliser ses erreurs.

Ils décidèrent de jeter les singes à la pou-
belle et tout alla bien de nouveau. Ce qui ne
signifie pas qu'il faille jeter tous les ornements
« porte-bonheur » de la maison, mais qu'il
faut reconnaître que leur pouvoir est le seul
et unique pouvoir, Dieu, et que l'objet ne sert
qu'à donner un sentiment d'optimisme.

Un jour, une amie très malheureuse avec laquelle je me trouvais, ramassa un fer à cheval en traversant la rue. Aussitôt elle fut remplie de joie et d'espoir. Elle était certaine que Dieu lui avait envoyé ce fer à cheval pour ranimer son courage.

Et en effet, dans l'état où elle se trouvait, c'était à peu près la seule chose qui pouvait frapper son conscient. Son espoir se transforma en foi et par la suite elle fit une merveilleuse « démonstration ». Je tiens à souligner que les deux hommes dont il fut précédemment question se confiaient aux seuls singes, tandis que mon amie reconnut la puissance supérieure.

Pour ma part, je dois dire que j'ai mis longtemps à me débarrasser de l'idée qu'une certaine chose m'apportait toujours une désillusion. Si elle se présentait, invariablement, une déception s'en suivait. Je vis que le seul moyen d'amener un changement dans mon subconscient était d'affirmer : « Il n'y a pas deux puissances, il n'y en a qu'une, Dieu. Par conséquent, il n'y a pas de désillusion et cette chose m'annonce une heureuse surprise. » Aussitôt je remarquai un changement et des plaisirs inattendus m'arrivèrent.

Une de mes amies déclarait que rien ne la

ferait passer sous une échelle. Je lui dis : « Si
vous avez peur, c'est que vous croyez à deux
pouvoirs, le Bien et le Mal. Puisque Dieu est
absolu, il ne peut y avoir de puissance oppo-
sée à moins que l'homme ne crée de fausses
lois mauvaises. Pour montrer que vous ne
croyez qu'en un seul pouvoir, Dieu, et qu'il
n'y a ni puissance ni réalité dans le mal, passez
sous la prochaine échelle que vous rencontre-
rez. » Peu de temps après, mon amie alla à la
banque. Elle désirait ouvrir son coffre et une
échelle se trouvait sur son passage. Impossible d'atteindre le coffre sans passer sous
l'échelle. Effrayée, elle battit en retraite. Mais,
arrivée dans la rue, mes paroles retentirent à
ses oreilles et elle décida de passer sous cette
échelle. C'était un gros effort car depuis des
années, elle était prisonnière de cette idée.
Elle revint au sous-sol où se trouvaient les
coffres et l'échelle n'était plus là ! C'est ce qui
se produit si souvent ; une fois que l'on a
décidé de faire fi d'une appréhension, ce que
l'on redoute est écarté.

C'est la loi de la non-résistance, que l'on
comprend si peu.

Quelqu'un a dit que le courage contient du
génie et de la magie. Faites face sans crainte
à une situation qui paraît menaçante et vous

vous apercevrez qu'elle n'existe plus ; elle disparaît d'elle-même. C'est ce qui explique que la peur attira l'échelle sur la route de mon amie et que le courage l'ôta.

Ainsi les forces invisibles travaillent constamment pour l'homme qui « tire toujours les ficelles » lui-même sans le savoir. A cause de la puissance vibratoire des paroles, quoi que ce soit que nous disions, nous commençons à nous l'attirer. Les personnes qui parlent continuellement de maladie, invariablement l'attirent.

Lorsque nous nous initions à la vérité, nous ne pouvons trop surveiller nos paroles. Par exemple, une de mes amies me dit souvent au téléphone : « Venez me voir pour que nous bavardions un peu à l'ancienne mode. » Ce « bavardage à l'ancienne mode » représente une heure pendant laquelle cinq cents à mille mots destructeurs seront prononcés, les principaux sujets de conversation étant les pertes, la pénurie, les échecs et la maladie. Aussi je réponds : « Non, merci, ces bavardages-là sont trop onéreux, j'en ai eu assez dans ma vie. Je serai contente de bavarder à la manière nouvelle et de parler de ce que nous voulons au lieu de ce que nous ne voulons pas. »

Un vieux dicton veut que l'homme ne se

serve de sa parole que pour trois desseins :
« Guérir, bénir, ou prospérer. » Ce qu'un
homme dit des autres, on le dira de lui, et ce
qu'il souhaite aux autres, il se le souhaite à
lui-même.

Si un homme souhaite de la « malchance »
à quelqu'un, il est sûr de s'en attirer à lui-
même. S'il souhaite aider quelqu'un à réussir,
il souhaite son propre succès et s'y aide lui-
même.

Le corps peut être renouvelé et transformé
par la parole et une claire vision, et la maladie
complètement effacée du conscient. Le métaphysicien sait que toute maladie a une correspondance mentale et que pour guérir le
corps il faut d'abord guérir l'âme.

C'est le subconscient, l'âme, qui doit être
« sauvée », sauvée des pensées négatives.

Dans le Psaume XXIII, nous lisons : « Il
restaure mon âme. » Cela veut dire que le
subconscient, l'âme, doit être restaurée par
les idées justes. Le « mariage mystique » est
celui de l'âme et de l'esprit, c'est-à-dire du
subconscient et du super-conscient. Il faut
qu'ils soient unis. Lorsque le subconscient est
rempli des idées parfaites du super-conscient,
Dieu et l'homme ne font plus qu'un. « Moi et
le Père, nous sommes un. » C'est-à-dire que

l'homme est uni au plan des idées parfaites ;
il est celui qui est fait à la ressemblance et à
l'image (imagination) de Dieu, celui auquel
sont données la puissance et la domination
sur toutes choses créées, sur son esprit, son
corps et ses affaires.

On peut dire que toute maladie, tout malheur proviennent de la violation de la loi
d'amour. Je vous donne un nouveau commandement : « Aimez-vous les uns les autres »,
or dans le Jeu de la vie, l'amour, c'est-à-dire
la bonne volonté, gagne toutes les levées.

Le fait suivant va vous le prouver. Une personne de ma connaissance souffrait, depuis
des années, d'une terrible maladie de peau.
Les médecins affirmaient qu'elle était incura-
ble, elle en était au désespoir. Cette dame était
actrice, elle craignait d'avoir à renoncer à sa
carrière, et elle n'avait point d'autres ressources. Cependant on lui offrit un engagement
avantageux et le soir de la première elle eut
un vif succès. La presse lui décerna de flat-
teuses critiques et notre amie, pleine de joie,
en fut ravie. Le lendemain, son contrat était
rompu. Un artiste, jaloux de son succès, avait
obtenu sa résiliation. Elle sentit l'amertume
et la haine s'emparer de son être et s'écria à
haute voix : « *Oh ! mon Dieu, ne me laissez*

pas haïr cet homme ! » Cette nuit-là elle tra-
vailla pendant des heures « dans le silence ».

Plus tard, elle me confia : « Je ne tardai pas
à entrer dans un silence très profond. Il me
sembla être enfin en paix avec moi-même,
avec cet homme et le monde tout entier. Je
continuai de travailler ainsi pendant les deux
nuits suivantes et le troisième jour je m'aperçus que ma maladie de peau était complètement guérie ! » En demandant à exprimer
l'amour, la bonne volonté, elle avait accompli
la loi (car l'amour est l'accomplissement de
la loi) et la maladie (qui provenait d'un
ressentiment ancré dans le subconscient) disparut.

La critique continuelle produit les rhuma-
tismes car les pensées inharmonieuses forment
dans le sang des dépôts acides qui se locali-
sent autour des articulations. Les tumeurs ont
pour cause la jalousie, la haine, le refus de
pardonner les offenses, la peur, etc. Chaque
maladie — mal-aise — est créée par un état
d'esprit de mal-aise. Je dis un jour à mes élèves : « Il ne s'agit pas de demander à quelqu'un « qu'avez-vous ? », mais « contre qui
en avez-vous ? », le refus du pardon des
offenses est la cause la plus fréquente de la
maladie. La sclérose des artères et du foie et

les maladies des yeux en sont la conséquence. Des maux sans fin lui font cortège.

Un jour, je rendis visite à une dame qui me dit qu'elle était malade d'avoir mangé une huître mauvaise. « Non, répliquai-je, l'huître était inoffensive, c'est vous qui avez empoisonné l'huître. Contre qui en avez-vous ? » Elle me répondit : « Oh ! contre environ dix-neuf personnes. » Elle s'était querellée avec dix-neuf personnes et était devenue si inharmonieuse qu'elle s'était attiré l'huître nuisible !

Toute inharmonie extérieure indique une discorde mentale. « L'extérieur est semblable à l'intérieur. »

Les seuls ennemis de l'homme résident en lui-même. « Les ennemis de l'homme seront ceux de son propre intérieur. » La personnalité est un des derniers ennemis que nous ayons à surmonter, car cette planète est en train de recevoir son initiation à l'amour. Souvenons-nous du message de Jésus : « Paix sur la terre, bonne volonté envers les hommes. » L'homme éclairé, donc, s'efforce de se perfectionner en servant son prochain. Il travaille sur lui-même, il apprend à envoyer à chacun bénédictions et pensées de bonne volonté, et le plus merveilleux c'est que lorsqu'on bénit un être, celui-ci perd tout pouvoir de nous nuire.

Un homme vint me demander de le « traiter » pour sa réussite dans les affaires. Il vendait des machines et un concurrent était survenu affirmant posséder une machine bien supérieure : mon ami redoutait un échec. Je lui dis : « D'abord, il vous faut balayer toute crainte, savoir que Dieu protège vos intérêts et que l'idée divine doit surgir de cette situation. C'est-à-dire que la machine qui convient sera vendue à celui qui en a besoin par celui qu'il faut. » Et j'ajoutai : « N'entretenez pas une seule pensée de critique sur cet homme. Bénissez-le toute la journée, soyez prêt à ne pas vendre votre machine si telle est l'idée divine. » Il alla donc voir son client, sans crainte, sans résistance, en bénissant son concurrent. Plus tard, il me raconta que le résultat fut très remarquable, la machine du concurrent se refusa à fonctionner et il vendit la sienne sans la moindre difficulté. « Mais, moi, je vous le dis, aimez vos ennemis, bénissez ceux qui vous maudissent, faites du bien à ceux qui vous haïssent et priez pour ceux qui vous maltraitent et qui vous persécutent. »

La bonne volonté produit une grande aura de protection autour de celui qui la cultive et

« toute arme forgée contre lui sera sans effet ».
En d'autres termes, l'amour et la bonne
volonté détruisent les ennemis qui sont en
nous et par conséquent nous n'avons point
d'ennemis à l'extérieur !

« La paix règne sur la terre pour celui qui
envoie aux hommes des pensées de bonne
volonté. »

CHAPITRE IV

LA LOI DE NON-RESISTANCE

« NE résistez pas au mal. Ne vous laissez pas émouvoir par le mal, mais surmontez le mal par le bien. »

Rien au monde ne peut s'opposer à une personne qui est absolument non-résistante.

Les Chinois disent que l'eau est l'élément le plus puissant parce qu'elle est parfaitement non-résistante. L'eau peut user le roc et balayer tout devant elle.

Jésus-Christ a dit : « Ne résistez pas au mal », car Il savait qu'en réalité il n'y a point de mal, par conséquent aucune raison de résister. Le mal est sorti de la « vaine imagination » de l'homme, c'est-à-dire de la croyance en deux pouvoirs, le bien et le mal.

D'après une vieille légende, Adam et Eve mangèrent le fruit de « Maya l'arbre de l'Illusion » et distinguèrent deux pouvoirs au lieu du pouvoir unique, Dieu.

Par conséquent le mal est une loi fausse que l'homme s'est élaborée à cause d'un psychome, ou sommeil de l'âme, ce qui signifie que l'homme a été hypnotisé par la croyance en le péché, la maladie, la mort, etc... par la pensée charnelle, et que ses affaires et son corps ont pris la forme de ses illusions.

Nous avons vu dans un précédent chapitre que l'âme est le subconscient et que tout ce que l'homme ressent profondément, en bien ou en mal, est reproduit par ce fidèle serviteur. Son corps et ses affaires représentent ce qu'il a imaginé. Le malade a imaginé la maladie ; le pauvre, la pauvreté ; le riche, l'abondance.

Les gens me demandent : « Comment un petit enfant s'attire-t-il la maladie alors qu'il est trop jeune pour savoir même ce que cela signifie ? »

Je réponds que les enfants sont sensibles et réceptifs aux pensées de ceux qui les entourent et que souvent ils extériorisent les craintes de leurs parents.

J'ai entendu un jour un métaphysicien affirmer : « Si vous ne dirigez pas votre subconscient vous-même, quelqu'un d'autre s'en chargera. »

Les mères attirent inconsciemment sur leurs enfants la maladie et les désastres en les craignant continuellement et en guettant leurs symptômes.

Une de mes amies, par exemple, demanda à une mère si sa petite fille avait eu la rougeole. Celle-ci répondit promptement : « Pas encore ! », ce qui impliquait qu'elle s'attendait à cette maladie, préparant ainsi ce qu'elle ne voulait ni pour elle ni pour son enfant.

Cependant, celui qui est centré et établi dans la vérité, celui qui n'a que des pensées de bonne volonté envers autrui et qui est sans crainte, *ne peut être atteint ni influencé par les pensées négatives des autres.* N'envoyant que de bonnes pensées, il ne peut en recevoir que de bonnes en retour.

La résistance, c'est l'Enfer, car elle place l'homme dans un « état de tourment ».

Un métaphysicien m'a donné un jour une merveilleuse recette pour m'assurer toutes les levées du Jeu de la vie : c'est le comble de la non-résistance. Il me dit : « Il fut un temps où je baptisais les enfants et, bien entendu, je leur donnais de nombreux noms. A présent, je ne baptise plus les enfants, mais je baptise les événements et *je donne à chacun le même nom.* Si je suis en présence d'un échec, je le baptise Succès au nom du Père, et du Fils, et du Saint-Esprit ! »

Nous voyons ici la grande loi de transmutation, fondée sur la non-résistance. Par sa parole, cet homme transformait en succès tous les échecs.

Voulez-vous un autre exemple ? Une dame qui avait besoin d'argent et qui connaissait la loi spirituelle de l'opulence, était sans cesse obligée de rencontrer en affaires un homme dont la présence lui donnait un sentiment de pauvreté. Il parlait de pénurie, de limites, elle se mit à capter ses pensées de médiocrité. Elle en conçut de l'aversion pour lui et l'accusa d'être la cause de ses échecs. Cependant, elle savait que pour faire la démonstration de ses ressources divines, il lui fallait d'abord avoir le sentiment *d'avoir reçu*. *Le sentiment de l'opulence doit précéder sa manifestation.*

Brusquement un jour, elle se rendit compte qu'elle « résistait » en distinguant deux pouvoirs au lieu d'un seul. Elle s'empressa alors de bénir l'homme en question et baptisa la situation « Succès » ! Elle affirma : « Puisqu'il n'y a qu'une seule puissance, Dieu, cet homme est ici pour mon bien et pour ma prospérité » (précisément ce qu'il avait semblé ne pas être). Peu après, et *par l'intermédiaire de cet homme,* elle rencontra une personne qui, pour un service rendu, lui donna une très grosse somme. Quant au monsieur, il partit pour une ville éloignée et s'effaça sans heurt de sa vie. Affirmez : « Tout homme est un maillon d'or dans la chaîne de mon bien », car tout homme est une manifestation de Dieu, *attendant l'occasion, donnée par lui-même, de servir le plan divin concernant sa vie.*

« Bénissez votre ennemi, et vous lui dérobez ses flèches. » Elles seront transmuées en bénédictions.

Cette loi est aussi vraie pour les nations que pour les individus. Bénissez une nation, envoyez des pensées d'amour et de bonne volonté à chacun de ses habitants et elle ne peut plus vous nuire.

Ce n'est que par l'entendement spirituel que l'homme peut comprendre la non-résistance. Mes élèves me disent souvent : « Nous ne voulons pas être des paillassons. » Je leur réponds : « Lorsque vous vous servirez avec sagesse de la non-résistance, personne ne pourra vous marcher dessus. »

Voici un autre exemple : Un jour j'attendais impatiemment une importante communication téléphonique. Je résistais à toutes les communications qui me parvenaient et n'en demandais moi-même aucune, de crainte de manquer celle que j'attendais.

Au lieu de déclarer : « Les idées divines n'entrent jamais en conflit, cette communication viendra au bon moment », laissant la chose aux soins de l'Intelligence Infinie, je commençais à diriger moi-même les opérations — c'est-à-dire que je fis mienne la bataille alors qu'elle appartient à Dieu (« la bataille est à l'Eternel ») et je restais tendue et anxieuse. Pendant une heure la sonnerie du téléphone ne retentit pas, je m'aperçus qu'il était décroché et le courant interrompu. Mon anxiété, ma crainte et ma foi dans le désordre avaient eu pour résultat une éclipse totale du téléphone. Comprenant mon erreur, je me mis immédiatement à bénir la situation et la baptisai « Succès » en affirmant : « Je ne puis perdre aucune communication qui m'appartient par droit divin ; je suis dirigée par *la grâce, et non par la loi.* »

Une amie se précipita vers le plus proche téléphone pour demander à la Compagnie de rétablir le courant. Elle entra dans une épicerie pleine de monde, mais le commerçant quitta ses clients et fit lui-même la réclamation. Mon téléphone fut « rebranché » et deux minutes plus tard, je recevais une communication très importante, suivie, environ une heure après, de celle que j'attendais.

Nos vaisseaux rentrent sur une mer calme (allusion à un célèbre dicton anglais. N.T.).

Aussi longtemps qu'un homme résiste à une situation, il la maintiendra. S'il la fuit, elle le poursuivra.

Je citais ceci, un jour, à une amie qui me répondit : « Combien cela est vrai ! J'étais malheureuse chez moi étant jeune fille, je n'aimais pas ma mère qui avait l'esprit critique et autoritaire ; alors je m'enfuis pour me marier — mais j'ai épousé ma mère, car mon mari est exactement comme elle et j'ai retrouvé la même situation. » Accorde-toi promptement avec ton adversaire. Ce qui veut dire : « Conviens que la situation est bonne, n'en sois pas troublé et elle disparaîtra d'elle-même. » « Aucune de ces choses ne m'émeut » est une affirmation excellente.

Une situation discordante provient d'un état discordant chez celui qui la subit. Lorsque rien en nous-même n'y fait plus écho, cet état disparaît à jamais de notre vie.

Nous voyons donc que nous avons surtout à travailler sur nous-mêmes.

Des gens me demandent : « Traitez pour que soit changé mon mari ou mon frère. » Je leur réponds : « Non, je vais « traiter » pour que *vous* changiez ; lorsque vous changerez, votre mari et votre frère changeront aussi. »

Une de mes élèves avait l'habitude de mentir. Je l'avertis que cette méthode la vouait aux échecs et que si elle mentait, on lui mentirait. Elle me dit : « Tant pis, je ne peux pas m'en empêcher. »

Un jour elle parlait au téléphone à un homme dont elle était fort éprise. Elle se tourna vers moi et me dit : « Je ne le crois pas ; je sais qu'il est en train de me mentir. » Je lui répondis : « Eh bien, puisque vous mentez vous-même, quelqu'un doit forcément vous mentir aussi et soyez bien persuadée que ce sera celui-là même dont vous souhaitez le plus entendre la vérité. » Quelque temps après, elle m'annonça : « Je suis guérie du mensonge. » — « Qu'est-ce qui vous en a guérie ? » questionnai-je.

« Je viens de vivre avec une dame qui mentait plus que moi ! » fut sa réponse.

Nous sommes souvent guéris de nos défauts en les remarquant chez les autres.

La vie est un miroir et nous ne voyons en autrui que notre propre reflet.

Vivre dans le passé est néfaste et c'est aussi une violation de la loi spirituelle.

Jésus-Christ a dit : « C'est maintenant le temps propice, le jour de la Rédemption. »

La femme de Loth fut changée en statue de sel pour s'être retournée.

Le passé et l'avenir sont les voleurs du temps. Il convient de bénir le passé et de l'oublier, de bénir l'avenir dans la certitude des joies sans fin qu'il nous apportera et de *vivre pleinement le moment présent*.

Ecoutez ceci : Une dame se plaignait à moi de ce qu'elle n'avait pas d'argent pour acheter des cadeaux de Noël. « L'année dernière c'était tout différent : j'avais beaucoup d'argent et j'ai offert de beaux présents, mais cette année je n'ai que quelques sous. »

« Jamais, m'écriai-je, vous ne ferez une démonstration pécuniaire tant que vous vous apitoierez sur vous-même et tant que vous vivrez dans le passé. Vivez pleinement *dans le moment présent et préparez-vous à donner des cadeaux de Noël*. Creusez vos fosses et l'argent surviendra. » « Je sais ce que je vais faire », s'exclama-t-elle. « Je vais acheter du joli papier et du cordon d'argent pour envelopper mes cadeaux. » « Faites », lui dis-je, « et *les présents d'eux-mêmes viendront se placer dans vos emballages* ».

Cette fois encore, c'était faire preuve de courage et de foi en Dieu car la raison conseillait : « Garde chacun de tes sous, tu n'es pas sûre d'en recevoir d'autres. »

Ma consultante fit ce qu'elle avait dit, et, quelques jours avant la Noël, reçut un don très généreux. L'achat du papier et du cordon avait impressionné le subconscient et lui avait donné cette expectative qui avait ouvert la voie à la manifestation de l'argent. Mon amie eut tout le temps nécessaire pour acheter ses cadeaux.

Vivre le moment présent est essentiel.

« Vis pleinement ce jour ! voilà le Salut de l'Aurore. »

L'homme doit être spirituellement en alerte, toujours à l'affût de ses intuitions, ne laissant passer aucune occasion.

Un jour, je répétais sans cesse (silencieusement) : « Esprit Infini, ne me laisse pas manquer une levée », et quelque chose de grande importance me fut révélé le même soir. Il est très nécessaire de commencer la journée avec des paroles de vérité.

Dès le réveil, faites une affirmation.

Par exemple : « *Que Ta volonté soit faite aujourd'hui ! Aujourd'hui est une journée de réalisations ; je rends grâce pour cette parfaite*

*journée, les miracles se succèdent et les pro-
diges ne cessent pas.* »

Faites de ceci une habitude et vous verrez
les miracles et les prodiges se dérouler dans
votre vie.

Un matin, j'ouvris un livre et lus : « Regarde
avec émerveillement ce qui est devant toi ! »
Il me sembla que c'était mon message du
jour, et je le répétai sans cesse « Regarde
avec émerveillement ce qui est devant toi ! »
Vers midi, une grosse somme d'argent me fut
donnée que j'avais désirée dans un certain
but.

Dans un prochain chapitre j'indiquerai des
affirmations qui m'ont donné les meilleurs résultats. Cependant nous ne devons jamais nous
servir d'une affirmation à moins qu'elle ne
satisfasse pleinement notre propre conscience
et qu'elle ne nous paraisse absolument convain-
cante ; souvent une affirmation sera modifiée
pour convenir à certaines personnes.

L'affirmation suivante a apporté la réussite
à bien des gens :

« J'ai beaucoup de travail,

Divinement donné,

Je sers de mon mieux

Et suis fort bien payé. »

Je donnai les deux premiers vers à une de

mes étudiantes et elle ajouta les deux derniers.

Cela constitue une *très puissante affirmation,* car il doit toujours y avoir un paiement parfait pour un service parfait et d'autre part, il est facile de faire pénétrer des vers dans le subconscient. Mon élève se mit à les chanter tout en vaquant à ses occupations et bientôt l'affirmation se transforma en manifestation.

Un autre de mes élèves, homme d'affaires, s'en empara et substitua « affaire » au « travail ». L'après-midi de ce même jour, il fit une affaire des plus brillantes, bien qu'il n'y eut pas eu d'activité depuis des mois dans sa partie ! (1).

Chaque affirmation doit être soigneusement composée et doit exprimer tout ce qui est nécessaire, car j'ai connu une personne dans le besoin qui cherchait du travail. Elle en trouva beaucoup mais ne fut pas payée. Elle pense maintenant à ajouter : « Je sers de mon mieux et suis fort bien payée. »

L'abondance est un droit divin de l'homme ! Il a droit à la surabondance !

(1) A l'intention de nos lecteurs qui lisent l'anglais, nous donnons cette affirmation telle qu'elle est dans le texte :

« I have a wonderful work in a wonderful way, I give wonderful service, for wonderful pay ! »

« Ses granges doivent êtres pleines et sa coupe déborder ! » Voilà l'idée de Dieu pour l'homme, et lorsque celui-ci brisera les barrières de la pénurie formées dans sa propre conscience, l'Age d'Or luira pour lui et chacun de ses désirs légitimes sera exaucé !

CHAPITRE V

LA LOI DU KARMA
ET LA LOI DU PARDON

L'HOMME ne reçoit que ce qu'il donne. Le Jeu de la Vie est un jeu de boomerang. Ce qu'un homme pense, ses actions, ses paroles le manifesteront, tôt ou tard, avec une étonnante précision.

Voilà la loi du Karma, ce qui signifie en sanscrit : « retour ». « Tout ce qu'un homme sème, il le récoltera. »

Une de mes amies m'a conté l'histoire suivante, qui illustre cette loi : « C'est ma tante qui m'aide à me débarrasser de mon Karma, quoi que ce soit que je lui dise, quelqu'un me le répète. Je suis souvent irritable à la maison, et, un jour, je dis à ma tante qui me parlait pendant le dîner : *« Assez parlé, je désire manger en paix. »*

Le lendemain, je déjeunais avec une dame sur laquelle je souhaitais faire grande impression. Je parlais avec animation lorsqu'elle me dit : « *Assez parlé, je désire manger en paix !* »

Mon amie est parvenue à un degré élevé de conscience, par conséquent son Karma agit beaucoup plus rapidement que pour une personne qui serait encore sur le plan mental.

Plus nous savons, plus nous avons de responsabilité, donc celui qui connaît la Loi Spirituelle et ne la met pas en pratique, en souffre grandement les conséquences. « La crainte du Seigneur (la Loi) est le commencement de la Sagesse. » Si nous comprenons que le mot Seigneur signifie « Loi », bien des passages de la Bible s'éclaireront.

« La vengeance est mienne, à moi la rétribution, dit le Seigneur » (la Loi). C'est la Loi qui se venge, et non pas Dieu. Dieu voit l'homme parfait « créé à sa propre image » (imagination) et doué « du pouvoir de la domination ».

Voilà l'idée parfaite de l'homme, telle qu'elle est enregistrée dans l'Entendement Divin, attendant que l'homme la reconnaisse, car il ne peut être que ce qu'il se voit être et il ne peut atteindre que ce qu'il se voit atteindre.

Nous voyons d'abord notre succès ou notre

échec, notre joie ou notre chagrin, avant qu'ils ne surgissent des scènes qu'enfante notre imagination. Nous avons observé ce fait chez la mère qui imagine la maladie, de son enfant, chez la femme qui « voit » la réussite de son mari.

Jésus-Christ a dit : « Vous connaîtrez la vérité, et la vérité vous rendra libre. »

Ainsi nous constatons que la liberté (qui nous délivre de conditions malheureuses) provient de la connaissance, la connaissance de la Loi Spirituelle.

L'obéissance précède l'autorité et la loi obéit à celui qui obéit à la loi. La loi de l'électricité doit être subie avant de devenir la servante de l'homme. Lorsqu'elle est employée avec ignorance, elle devient son mortel ennemi. *Ainsi en est-il des lois de l'Esprit !*

Une dame douée d'une puissante volonté, désirait posséder une maison appartenant à une de ses relations et formait souvent des images mentales dans lesquelles elle se voyait vivant dans cette demeure. Au bout d'un certain temps, le propriétaire mourut et elle prit possession de cette maison.

Plusieurs années plus tard, ayant appris à connaître la Loi Spirituelle, elle me demanda : « Croyez-vous que je sois pour quelque chose dans la mort de cet homme ? » « Oui », lui répondis-je. « Votre désir était si fort qu'il balaya tout, mais vous avez payé votre dette Karmique. Votre mari, que vous aimiez tendrement, est mort peu après, et cette maison a été pour vous un « cheval à l'écurie » pendant des années. »

Cependant ni le premier propriétaire de cette maison, ni son mari n'auraient pu être affectés par les pensées de cette personne, s'ils avaient été ancrés dans la Vérité, mais ils étaient tous les deux sous le coup de la loi Karmique. Cette dame sentant à quel point elle désirait cette maison, aurait dû dire : « Intelligence Infinie, donne-moi la maison qui me convient, aussi charmante que celle-ci, la maison *qui est mienne par droit divin.* »

Le choix divin lui aurait donné satisfaction parfaite et aurait apporté à chacun son bien. Le modèle divin est le seul sur lequel on puisse travailler en sécurité.

Le désir est une force formidable, il faut qu'elle soit canalisée convenablement, sans quoi le chaos s'ensuit.

L'homme ne doit jamais demander que ce qui lui appartient *par droit divin.*

Pour en revenir à notre exemple : Si la dame en question avait pris l'habitude mentale de se dire : « Si cette maison, que je désire, est mienne, je ne puis la perdre, si elle ne m'appartient pas, donne-moi, Seigneur, son équivalent », le propriétaire aurait peut-être pris la résolution de déménager, harmonieusement (si tel était pour elle le choix divin) ou bien une autre maison se serait substituée à celle-ci. Toute chose dont la manifestation est forcée par la volonté personnelle est toujours « mal acquise », par conséquent toujours vouée à l'insuccès.

L'homme a reçu cette injonction, « que Ma volonté soit faite et non la tienne », et, chose curieuse, il obtient toujours exactement ce qu'il souhaite lorsqu'il renonce à sa volonté personnelle, permettant ainsi à l'Intelligence Infinie d'agir à travers lui.

« Tiens-toi tranquille et attends en silence la délivrance du Seigneur » (la Loi).

Une autre fois, une dame vint me voir en proie à une grande angoisse.

Elle était remplie d'appréhension, sa fille étant décidée à entreprendre un voyage très hasardeux.

Elle me dit avoir usé de tous les arguments possibles, énuméré les dangers qui risquaient d'être encourus et enfin défendu ce voyage, mais sa fille ne s'en était que plus entêtée et

avait décidé de partir. Je dis à cette mère :
« Vous imposez votre volonté personnelle à
votre fille, et vous n'en avez point le droit, de
plus votre peur ne fait qu'attirer ce voyage,
car l'homme s'attire ce qu'il redoute. » Et
j'ajoutai : Détendez-vous, retirez votre emprise
mentale, *remettez cela entre les mains de Dieu*,
et servez-vous de cette affirmation : « Je remets
cette situation entre les mains de l'Amour
Infini et de la Sagesse ; si ce voyage est selon
le Plan Divin, je le bénis et ne résiste plus,
mais s'il n'est point divinement dirigé, je rends
grâce de ce qu'il est dès maintenant inexis-
tant. »

Un ou deux jours plus tard, sa fille lui
annonça : « Mère, j'ai renoncé à mon voyage »,
et la situation s'en retourna à son « néant
originel ».

C'est apprendre à « se tenir tranquille » qui
semble si difficile à l'homme. Je reviendrai
plus longuement sur cette loi dans le chapitre
sur la non-résistance.

Je vais vous donner un autre exemple de
la manière dont nous récoltons ce que nous
semons.

Une personne vint me dire qu'elle avait
reçu de sa banque un billet faux. Elle était
fort ennuyée. « Jamais, se lamentait-elle, la

banque ne voudra reconnaître son erreur. »
Je lui répondis : « Analysons la situation et
cherchons ce qui vous a attiré ce billet. » Elle
réfléchit un instant, puis s'écria : « Je sais,
j'ai envoyé de la fausse monnaie à un ami
pour lui faire une farce. » Ainsi la loi lui avait
envoyé à elle le faux billet, car la loi n'entend
rien à la plaisanterie.

Je lui dis alors : « Nous allons faire appel
à la loi du pardon et neutraliser cette situation. »

Le Christianisme est fondé sur la loi du pardon. Le Christ nous a rédîmés de la malédic-
tion de la loi Karmique, et le Christ en chaque
homme est son Rédempteur et son Sauveur
dans toute condition discordante.

Aussi dis-je : « Esprit Infini, nous faisons
appel à la loi du pardon et rendons grâce de
ce qu'elle (la dame) est sous la protection de
la grâce et non sous le coup de la loi, et de
ce qu'elle ne peut point perdre cet argent qui
est à elle par droit divin. »

« A présent, continuai-je, allez à la banque
et dites, sans crainte, que le billet vous a été
donné par erreur. » Elle obéit et, à sa surprise, on lui fit des excuses, et on lui changea
son billet avec beaucoup de courtoisie.

Ainsi la connaissance de la loi donne à

l'homme le pouvoir d'effacer ses erreurs. L'homme ne peut pas forcer l'ambiance extérieure à être ce qu'il n'est pas lui-même.

S'il désire les richesses, il doit d'abord être riche en conscience.

Ainsi, une dame vint me demander un traitement pour la prospérité. Elle s'intéressait peu à son intérieur qui était fort en désordre.

Je lui dis : « Si vous voulez être riche, il faut que vous soyez ordonnée. Tout ceux qui possèdent de grandes fortunes sont ordonnés — et l'ordre est la première loi du ciel. » Puis j'ajoutai : « Tant que l'ordre ne régnera pas chez vous, la richesse vous fuira. »

Immédiatement, elle se mit en devoir de ranger sa maison, disposant les meubles, rangeant les tiroirs, nettoyant les tapis, et elle ne tarda pas à réaliser une importante démonstration pécuniaire, sous forme d'un présent que lui fit une parente. Elle-même se trouva transformée et elle sait maintenant diriger ses affaires pécuniaires en *surveillant ce qui l'entoure, tout en s'attendant à la prospérité, sachant que Dieu est sa ressource.*

Beaucoup de personnes ignorent que donner c'est faire un placement et que thésauriser, épargner avec excès, mène invariablement aux pertes.

« Tel qui donne libéralement devient plus riche et tel qui épargne à l'excès, ne fait que s'appauvrir. »

Voici l'histoire d'un monsieur qui désirait s'acheter une pelisse. Il alla avec sa femme dans plusieurs magasins sans trouver ce qu'il cherchait. Toutes les pelisses qu'on lui présentait étaient d'apparence médiocre. Enfin, on lui en montra une qui valait mille dollars mais que le directeur du magasin consentait à lui laisser pour cinq cents parce que la saison était avancée.

Il possédait environ sept cents dollars. La raison aurait conseillé : Tu n'a pas les moyens de dépenser presque tout ce que tu possèdes pour un manteau », mais cet homme, très intuitif, ne raisonnait jamais. Se tournant vers sa femme, il lui dit : « Si j'achète ce manteau, je vais faire de grosses affaires ! » Elle y consentit, mais sans enthousiasme.

Environ un mois plus tard, il reçut un ordre de dix mille dollars. Le manteau lui avait donné une telle conscience de la prospérité qu'il l'avait attirée ; sans ce manteau, il n'eût point réalisé cette importante affaire. Ce fut un placement qui lui donna de larges revenus !

Si l'homme n'écoute pas les intuitions qui le poussent à dépenser ou à donner, la même somme lui échappera sans profit ou d'une façon malheureuse.

Une dame m'a conté que le Jour d'Actions de Grâces (1), elle avait informé sa famille qu'elle ne donnerait pas le dîner traditionnel. Elle avait l'argent nécessaire, mais avait décidé de le mettre de côté.

Quelques jours plus tard, un cambrioleur pénétra dans sa chambre et vola dans son bureau le montant exact du dîner.

La loi soutient toujours celui qui dépense sans crainte, avec sagesse.

C'est ainsi qu'une de mes élèves faisait des achats en compagnie de son petit neveu. L'enfant réclamait un jouet, mais sa tante lui dit qu'elle ne pouvait se permettre de le lui acheter.

Tout à coup, elle se rendit compte qu'elle cédait à l'idée de pauvreté au lieu de s'en remettre à Dieu, sa providence !

Elle acheta le jouet et, en rentrant chez elle, elle trouva dans la rue la somme exacte dont elle l'avait payé.

_____

(1) Jour férié aux Etats-Unis. Le dernier jeudi de Novembre toute l'Amérique rend grâce pour les bénédictions reçues et les moissons, commémorant l'action de grâces des Pilgrim Fathers, les premiers Américains. Cettes fête donne lieu à des réjouissances familiales. N. T.

Nos ressources sont inépuisables et infaillibles lorsque notre confiance est absolue, mais la confiance et la foi doivent précéder la démonstration. « Qu'il soit fait selon ta foi. » « La foi est la substance des choses qu'on espère, l'évidence des choses qu'on ne voit pas » — car la foi maintient la vision stable, les images adverses se dissipent et « en temps voulu, nous récolterons, si nous ne vacillons point ».

Jésus-Christ a apporté la bonne nouvelle (l'Evangile) qui enseigne qu'il est une loi plus haute que celle du Karma. C'est la loi de la grâce, ou pardon. *Cette loi libère l'homme de la loi de cause à effet — la loi des conséquences.* « Par la grâce et non par la loi. »

Il nous est dit que sur le plan nous récoltons là où nous n'avons pas semé ; les dons de Dieu se déversent sans cesse sur nous. « Tout ce que possède le Royaume est à lui. » Cet état de béatitude continuelle attend celui qui a surmonté l'entendement et la pensée mortels.

Les tribulations existent dans l'entendement mortel, mais Jésus-Christ a dit : « Prenez courage, j'ai vaincu le monde. »

La pensée charnelle, c'est la pensée du péché, de la maladie et de la mort. Jésus a compris leur irréalité absolue et affirmé que la maladie et le chagrin passeront et que la mort elle-même, le dernier ennemi, serait vaincu.

Aujourd'hui, du point de vue scientifique, nous savons que la mort pourrait être vaincue en imprimant dans le subconscient la conviction de l'éternelle jeunesse et de la vie éternelle.

Le Subconscient, cette puissance sans direction, *exécute sans discuter les ordres qu'il reçoit.*

En travaillant sous la direction du superconscient (le Christ ou Dieu dans l'homme) la « résurrection du corps » s'accomplirait.

L'homme ne rejetterait plus son corps dans la mort, celui-ci se transformerait en un « corps électrique » tel que l'a chanté le poète Walt Whitman, car le Christianisme est fondé sur le pardon des péchés et *« un sépulcre vide »*.

CHAPITRE VI

REJETER LE FARDEAU
(Impressionner le subconscient)

Lorsque l'homme parvient à la connaissance de son propre pouvoir et du processus de son mental, son grand désir est de trouver le moyen facile et rapide qui lui permettra d'impressionner son subconscient par l'idée du bien, car une connaissance intellectuelle de la vérité ne donne point de résultats.

Pour ma part, je trouve que le moyen le plus facile est de « rejeter le fardeau ».

Un métaphysicien s'est expliqué de la sorte, autrefois à ce sujet : « Ce qui donne, à quoi que ce soit, du poids dans la nature, c'est la loi de la gravitation. Si une masse rocheuse pouvait être transportée, assez haut, au-dessus de la planète, elle n'aurait donc plus de poids ; voilà ce qu'entendait Jésus-Christ lorsqu'Il disait : « Mon joug est doux et mon fardeau léger. »

Il avait surmonté la vibration du monde et se mouvait dans la quatrième dimension, où tout n'est que perfection, accomplissement, vie et joie.

Il a dit : « Venez à moi, vous tous qui peinez et qui êtes chargés, et je vous donnerai le repos. » « Prenez mon joug, car mon joug est facile et mon fardeau léger. »

Nous lisons aussi, dans le Psaume LV : « Rejette ton fardeau sur le Seigneur. » De nombreux passages de la Bible proclament que la *bataille est celle de Dieu,* non point celle de l'homme, et que celui-ci doit toujours « *se tenir tranquille* » *et attendre la délivrance du Seigneur.*

Ceci indique que c'est dans le super-conscient (Christ en nous) que se livre la bataille pour que l'homme soit soulagé de ses fardeaux.

Nous voyons donc que celui-ci viole la loi en portant son fardeau, qu'un fardeau est une pensée ou un état adverse, et que cette pensée, cet état, a ses racines dans le subconscient.

Il semble quasi impossible d'arriver à diriger le subconscient par le conscient, c'est-à-dire le raisonnement, car le raisonnement (l'intellect) est limité dans ses conceptions et il est envahi de doutes et de craintes.

L'attitude scientifique consiste donc à rejeter le fardeau sur le super-conscient (Christ en soi) où il « devient lumière » ou bien s'évanouit et retourne à « son néant original ».

Une personne qui avait un urgent besoin d'argent fit cette affirmation : « Je rejette ce fardeau sur le Christ qui est en moi et je vais au-devant de l'abondance. »

Son fardeau, c'était la peur de la pauvreté, et tandis qu'elle le rejetait sur le Christ, le super-conscient inonda le subconscient de foi en l'abondance et il en résulta une large prospérité.

Nous lisons dans les Ecritures : « Christ met en nous l'espérance de la gloire. »

Ecoutez ceci : On avait offert un piano à une de mes élèves. Il n'y avait pas de place pour l'installer dans son studio, à moins de se débarrasser de celui qu'elle possédait déjà. Elle était fort perplexe, désirant garder le vieux piano, mais ne sachant point où le mettre, et fort agitée car le piano neuf devait lui être livré immédiatement. Elle s'aperçut qu'elle répétait : « Je rejette ce fardeau sur le Christ qui est en moi, et je vais de l'avant, libre. »

Quelques instants plus tard, une amie lui demanda par téléphone la permission de louer l'ancien piano qui fut déménagé au moment même où le nouveau arrivait.

J'ai connu une dame dont le fardeau était

le ressentiment. Elle déclara : « Je rejette ce fardeau de ressentiment sur le Christ qui est en moi, et j'avance, pleine d'amour, paisible et heureuse. » Le Tout-Puissant super-conscient inonda le subconscient d'amour et toute sa vie fut transformée. Depuis des années, ce ressentiment l'avait maintenue dans un état d'angoisse et avait emprisonné son âme (le subconscient).

Ces affirmations doivent être répétées continuellement, pendant des heures, parfois silencieusement ou audiblement, avec tranquillité mais détermination. J'ai souvent comparé cela au fait de remonter un phonographe. Il faut « nous remonter » avec la parole de vérité.

J'ai remarqué qu'au bout d'un certain temps, lorsque nous avons « rejeté le fardeau », notre vision s'éclaire. Il est impossible d'avoir une claire vision lorsque l'on se débat dans les angoisses de l'entendement charnel.

Les doutes, la peur empoisonnent l'esprit et le corps, l'imagination se déchaîne, ce qui provoque le désastre et la maladie.

Par la répétition constante de l'affirmation : « Je rejette ce fardeau sur le Christ qui est en moi, et j'avance, libre », la vision se transforme et, en même temps qu'un sentiment de

soulagement, tôt ou tard, survient *la manifestation du bien, que ce soit la santé, le bonheur
ou la prospérité.*

Une de mes élèves me demanda un jour
d'expliquer pourquoi « l'obscurité est plus
intense au moment où va se faire la lumière ».
Dans un chapitre précédent, j'ai fait allusion
au fait que souvent, au moment d'une importante démonstration, « tout semble aller mal »
et que la conscience est obscurcie par un état
de dépression. Cela signifie que les doutes et
les craintes ancestrales se réveillent du fond
du subconscient ; *il convient de les exterminer.*

C'est alors que l'homme doit faire retentir
ses cymbales, tel Josaphat, et rendre grâce de
ce qu'il est sauvé, même s'il semble être
entouré d'ennemis (la pénurie ou la maladie).
Mon élève me demanda encore : « Combien
de temps reste-t-on dans l'obscurité ? » Je lui
répondis : « Jusqu'à ce que l'on parvienne à
*voir dans l'obscurité, or, rejeter le fardeau
nous y fait parvenir.* »

Pour impressionner le subconscient, une foi
active est toujours essentielle.

« La foi, sans les œuvres, est morte. » C'est
ce que je me suis efforcée de démontrer dans
les chapitres que je viens d'écrire.

Jésus-Christ fit preuve de foi active lors-

qu'Il « commanda à la multitude de s'asseoir »
avant de rendre grâces pour les pains et les
poissons.

Je vais donner un autre exemple pour bien
prouver la nécessité de cette foi. En fait, la
foi active est un pont sur lequel l'homme passe
pour avoir accès à sa Terre Promise.

A cause d'un malentendu, une femme avait
été séparée de son mari qu'elle chérissait. Il
refusait toutes les tentatives de réconciliation
et ne voulait entrer en rapport avec elle
d'aucune manière.

Apprenant à connaître la loi spirituelle, elle
nia l'apparence de cette séparation et affirma :
« Il n'y a point de séparation dans l'Entendement Divin, par conséquent, je ne puis être
séparée de l'amour et du compagnon qui
m'appartiennent par droit divin. »

En dressant chaque jour le couvert de son
mari à table, elle fit preuve d'une foi active,
imprimant, ainsi, sur le subconscient, l'image
de son *retour*. Plus d'un an se passa, mais elle
ne varia jamais, et un jour, *elle le vit rentrer*.

Le subconscient est souvent impressionné
par la musique, car la musique qui appartient
à la quatrième dimension, libère l'âme ; *elle
rend possibles les miracles et nous en facilite
l'accomplissement !*

Une de mes amies se sert, chaque jour, de son phonographe à cet effet. Cela la met dans un état de parfaite harmonie et libère son imagination.

Une autre personne de ma connaissance danse en faisant ses affirmations. Le rythme et l'harmonie de la musique et du mouvement donnent à ses paroles une puissance extrême.

Il convient aussi que l'étudiant se souvienne de ne pas mépriser le « jour des petits événements ».

Invariablement, avant une démonstration, des « signes de terre » se manifestent.

Avant d'arriver en Amérique, Christophe Colomb aperçut des oiseaux qui tenaient des brindilles dans leur bec, signe que la terre était proche. Il en est de même, au moment d'une démonstration, mais souvent l'étudiant se trompe, prend les signes pour la démonstration elle-même et se trouve déçu.

Par exemple, une dame avait « prononcé la parole » pour un service de table. Peu de temps après, une amie lui donna un plat vieux et fendu.

Elle vint me voir et se plaignit : « J'ai demandé un service et n'ai reçu qu'un plat fêlé. »

« Ce plat, lui dis-je, est un « signe de terre » ;

il montre que votre service est en route ; considérez-le comme étant « les oiseaux et les brindilles » ; c'est ce qu'elle fit et elle reçut, peu après, le service souhaité.

« Faire semblant », continuellement, impressionne le subconscient. Si l'on fait semblant d'être riche, si l'on croit être en pleine réussite, en « temps voulu on récoltera ».

Les enfants font constamment « semblant », or « si vous ne vous convertissez et ne devenez comme de petits enfants, vous n'entrerez point dans le Royaume des Cieux ».

J'ai connu une jeune femme qui était très pauvre, mais personne ne pouvait lui en donner le sentiment. Elle gagnait, chez de riches amis, un salaire modeste ; ceux-ci lui rappelaient sans cesse son impécuniosité en lui conseillant l'économie. Sans se soucier de leurs admonestations, elle dépensait parfois son argent pour acheter un chapeau, ou pour faire un présent, ce qui la plongeait dans le ravissement. Ses pensées étaient toujours fixées sur de beaux vêtements, sur de belles choses, mais sans les envier à autrui.

Elle vivait dans un monde merveilleux et, seules, les richesses lui semblaient réelles. Elle ne tarda pas à épouser un homme fortuné et toutes les belles choses se matérialisèrent. Je

ne sais si son mari fut celui de la Divine
Sélection, mais l'opulence devait forcément se
manifester dans sa vie, car elle n'avait imaginé que l'opulence.

Il n'y a ni paix ni bonheur pour l'homme
tant qu'il n'a pas effacé toute crainte de son
subconscient.

La peur est de l'énergie mal dirigée qui doit
être redressée et transmuée en foi.

Jésus-Christ a dit : « Pourquoi as-tu peur,
homme de peu de foi ? » « Tout est possible
à celui qui croit. »

Souvent l'un ou l'autre de mes élèves me
demande : « Comment puis-je me débarrasser
de la peur ? »

Je réponds : « En faisant face à ce qui vous
effraie. »

« Le lion puise sa férocité dans votre peur. »
Foncez sur le lion, il disparaîtra ; enfuyez-
vous, il vous poursuivra.

J'ai montré, dans les précédents chapitres,
comment « le lion » de la pauvreté disparais-
sait lorsque l'individu dépensait sans crainte,
prouvant, ainsi, que Dieu était pour lui sa
richesse et que cette abondance était, partant,
infaillible.

Nombreux parmi mes élèves sont ceux qui
se sont libérés des entraves de la pauvreté et

qui sont maintenant dans l'opulence pour
avoir perdu toute crainte de dépenser ; le
subconscient est alors impressionné par cette
vérité que *Dieu est à la fois le DON et le
DONATEUR ;* par conséquent, si nous sommes
unis à Dieu, nous sommes unis au DON. Voici
une merveilleuse affirmation : « Je rends
grâce à DIEU le DONATEUR pour DIEU le
DON. »

Par ses pensées de séparation et de pénurie,
l'homme s'est depuis si longtemps séparé de
son bien et de ses vraies ressources qu'il faut
parfois de la dynamite pour déloger ces idées
fausses du subconscient, et la dynamite se présente sous forme d'une importante occasion de
vaincre.

Dans les exemples précédents, nous avons
vu l'individu se libérer *en détruisant la crainte.*

L'homme doit se surveiller à chaque instant
pour s'assurer qu'il est dirigé par la foi et non
par la crainte.

« Choisis aujourd'hui qui tu serviras », la
crainte ou la foi.

Peut-être votre crainte est-elle suscitée par
les personnalités. Dans ce cas n'évitez pas ceux
que vous redoutez ; allez vers eux tranquillement et, dès lors, vous les verrez devenir « des

maillons d'or dans la chaîne de votre bien »
ou bien ils disparaîtront harmonieusement de
votre chemin.

Peut-être craignez-vous la maladie, les
microbes. Apprenez à demeurer insensible aux
risques de contagion, vous serez immunisé.

On ne peut être contaminé en effet que
lorsque l'on vibre sur le même plan que les
microbes, or la peur rabaisse l'homme à leur
niveau. Bien entendu, le microbe qui transmet
une maladie est le produit de l'entendement
mortel, car toute pensée prend forme. Les microbes n'existent pas dans le super-conscient,
l'Entendement Divin, ils sont le produit de
« la vaine imagination de l'homme ».

« En un clin d'œil » surgira la libération de
l'homme lorsqu'il *se rendra compte que le mal
est dénué de pouvoir.*

Le monde matériel s'évanouira et celui de
la quatrième dimension, le « Monde du Merveilleux » apparaîtra.

« Et je vis un nouveau ciel et une nouvelle
terre — et il n'y aura plus de mort, ni de
chagrin, ni de larmes, ni de douleurs ; car les
choses anciennes seront passées ! »

La plupart des citations viennent de la Bible. N. T.

CHAPITRE VII

L'AMOUR

Tout homme, sur cette planète, est en train de s'initier à l'amour. « Je vous donne un nouveau commandement, c'est que vous vous aimiez les uns les autres. » Oupensky dit, dans « Tertium Organum », que l'amour est un phénomène cosmique qui ouvre à l'homme la quatrième dimension, « Le Monde du Merveilleux ».

Le véritable amour est désintéressé et exempt de crainte. Il se répand sur l'objet de son affection, sans rien demander en retour. Sa joie est dans la joie de donner. L'amour, c'est Dieu qui Se manifeste et c'est la plus grande force magnétique de l'Univers. L'amour pur, exempt d'égoïsme, *s'attire ce qui lui appartient* ; il n'a pas à chercher ou à demander. Personne, pour ainsi dire, n'a la plus petite conception du véritable amour. L'homme est égoïste, tyrannique et craintif dans ses affections, et perd, de ce fait, ce qu'il aime. La jalousie est le pire ennemi de l'amour, car l'imagination se déchaîne, voit l'être aimé attiré vers un autre, et, infailliblement, ces craintes deviennent réalité, si elles ne sont point neutralisées.

Une jeune femme profondément affligée vint me trouver ; l'homme qu'elle aimait l'avait quittée pour une autre en lui disant qu'il n'avait jamais eu l'intention de l'épouser. Elle était déchirée par la jalousie et le ressentiment et me dit qu'elle souhaitait qu'il souffrît comme il la faisait souffrir. Elle ajouta : « Comment a-t-il pu me quitter, moi qui l'aimais tant ? »

Je lui répondis : « Vous ne l'aimez pas du tout, vous le haïssez », et j'ajoutai : « *Vous ne pouvez jamais recevoir ce que vous n'avez pas donné ; donnez un amour parfait et vous recevrez un parfait amour.* » Saisissez cette occasion de vous perfectionner ; offrez-lui un amour parfait, exempt d'égoïsme, qui ne demande rien en retour ; ne le critiquez pas, ne le condamnez pas et bénissez-le où qu'il se trouve ».

« Non, répondit-elle, je ne le bénirai pas, à moins de savoir où il est ! »

« Eh bien, lui dis-je, ce n'est pas de l'amour vrai. Lorsque vous lui montrerez de *l'amour véritable,* l'amour véritable vous sera rendu, par cet homme ou par son équivalent, car si cet homme n'est point le choix divin, vous n'en voudrez pas. Tout comme vous ne faites qu'un avec Dieu, vous ne faites qu'un avec l'amour qui vous appartient par droit divin. »

Les mois passaient et les choses en restaient là ; mais mon amie travaillait consciencieusement sur elle-même. Je lui dis : « Lorsque sa cruauté ne vous troublera plus, il cessera d'être cruel, car vous vous attirez ceci par vos propres émotions. »

Puis, je lui parlai d'une Fraternité aux Indes dont les membres ne se disent point « Bonjour », mais « Je salue la Divinité en vous ». Ils saluent la Divinité en tout homme et aussi dans les animaux de la jungle, qui ne leur font jamais de mal, car *les membres de cette Fraternité ne voient que Dieu en tout être vivant.* J'ajoutai : « Saluez la Divinité dans cet homme, dites : « Je ne vois que votre être divin ; je vous vois tel que Dieu vous voit, parfait, à Son image et à Sa ressemblance ».

Mon amie remarqua qu'elle trouvait un nouvel équilibre et qu'elle se débarrassait de son ressentiment. Celui qu'elle aimait était capitaine, elle l'appelait toujours « le Cap ».

Un jour, elle me dit tout à coup : « Que Dieu bénisse le Cap où qu'il soit. »

« Voilà, lui déclarai-je, le véritable amour, et, lorsque vous serez devenue un « cercle complet » et que cette situation ne vous troublera plus, vous obtiendrez son amour ou bien vous attirerez son équivalent. »

A cette époque, je déménageai ; privée de téléphone, je n'entendis plus parler d'elle pendant quelques semaines. Puis, un matin, je reçus une lettre dans laquelle elle me disait : « Nous sommes mariés. »

Je me hâtai d'aller la voir et mes premières paroles furent : « Comment cela est-il arrivé ? » « Oh ! s'exclama-t-elle, par un miracle ! Un jour, je m'aperçus, en m'éveillant, que toute peine m'avait quittée. Le même soir, je le rencontrai et il me demanda de l'épouser. Nous nous sommes mariés dans la huitaine et je n'ai jamais vu un homme plus épris. »

Un vieux proverbe dit : « Aucun homme n'est ton ennemi, aucun homme n'est ton ami, tous les hommes sont tes maîtres. »

Il faut donc devenir impersonnel et apprendre ce que chacun a à nous enseigner ; bientôt, nos leçons apprises, nous serons libres.

Cet homme enseigna à cette femme l'amour désintéressé que chacun, tôt ou tard, doit apprendre.

La souffrance n'est pas nécessaire au développement de l'homme ; elle n'est que le résultat de la violation de la loi spirituelle, mais peu nombreux sont ceux qui semblent capables de s'éveiller du « sommeil de l'âme », sans souffrance. Lorsque les gens sont heureux, ils sont, en général égoïstes et, automatiquement, la loi du Karma est mise en action. L'homme subit, souvent, des pertes, par son manque de jugement.

Une de mes connaissances avait un mari charmant, mais elle disait souvent : « Je ne tiens pas au mariage ; je n'ai rien à reprocher à mon mari, la vie conjugale ne m'intéresse pas, voilà tout. »

S'intéressant à mille choses, elle se souvenait à peine qu'elle avait un mari. Elle ne pensait à lui que lorsqu'elle le voyait. Un jour, il lui annonça qu'il s'était épris d'une autre femme et la quitta. Aussitôt, elle vint me voir, désolée, pleine d'amertume.

« C'est, lui dis-je, exactement dans ce but que vous avez prononcé la parole ; vous avez dit que vous n'appréciiez pas la vie conjugale, votre subconscient a travaillé à vous en libérer. »

« Oui, soupira-t-elle, je comprends. On obtient ce que l'on veut, puis, ensuite, on se plaint. »

Elle ne tarda pas à accepter cette situation, comprenant qu'elle et son mari étaient plus heureux séparés.

Lorsqu'une femme devient indifférente ou critique son mari, lorsqu'elle cesse d'être une inspiratrice pour lui, celui-ci, frustré de la joie des premiers temps de leur union, est désemparé et malheureux.

Un homme déprimé, malheureux et pauvre vint me consulter. Sa femme s'intéressait à la « Science des Nombres » et avait fait étudier son thème numérique ; le rapport ne lui était pas favorable, apparemment, car me dit-il : « Ma femme prétend que je n'arriverai jamais à rien parce que je suis un « deux ».

Je lui répondis : « Votre nombre m'est indifférent, vous êtes une idée parfaite de l'Entendement Divin, et nous allons demander le succès et la prospérité qui sont *déjà préparés* pour vous par l'Intelligence Infinie. »

En quelques semaines, il eut une excellente situation et, un ou deux ans plus tard, se tailla un brillant succès d'homme de lettres. Personne ne peut réussir dans les affaires, à moins de les aimer. La toile que le peintre peint par amour de l'art est sa plus belle œuvre. Il faut toujours déconseiller ce qui n'a pour but que de « faire bouillir la marmite ».

Aucun homme ne peut attirer l'argent s'il le méprise. Beaucoup se maintiennent dans la pauvreté en déclarant : « L'argent ne m'intéresse pas, je n'ai aucune considération pour ceux qui en ont. »

Voilà pourquoi tant d'artistes sont pauvres ; leur mépris de l'argent les en sépare.

Je me souviens avoir entendu un artiste dire d'un confrère : « C'est un piètre artiste, il a un compte en banque. »

Cette attitude mentale sépare l'homme de ses richesses ; pour attirer une chose à soi, il faut être en harmonie avec elle.

L'argent est une manifestation de Dieu qui nous libère du besoin et des restrictions, mais il doit être maintenu en circulation et servir à un bon usage.

Thésauriser et épargner entraînent des réactions fort désagréables.

Cela ne signifie pas cependant que l'on ne doive pas posséder des immeubles, des terres, des actions et des obligations, car « les greniers du juste seront pleins » ; mais qu'il ne faut pas épargner, même le principal, si une occasion se présente où l'argent est nécessaire. En donnant libre cours à l'argent, sans crainte et joyeusement, on ouvre la voie qui en amènera d'autre, car Dieu est notre infaillible et inépuisable richesse.

Voilà quelle doit être l'attitude spirituelle à l'égard de l'argent et la Grande Banque de l'Universel ne faillit jamais !

Un film intitulé « Greed » (Rapacité) nous offre un exemple d'avarice. L'héroïne de l'histoire a gagné cinq mille dollars, dans une loterie, mais ne veut pas les dépenser. Elle amasse et entasse, laisse son mari souffrir et mourir de faim, et finit par nettoyer des parquets pour vivre.

Aimant l'argent pour lui-même, elle le place au-dessus de tout. Une nuit, elle est assassinée et on lui vole son argent.

Voilà un exemple où « l'amour de l'argent est à la base de tous les maux ». L'argent, en soi, est bon et bénéfique, mais lorsque l'on s'en sert à des fins destructives, lorsqu'on l'amasse et le thésaurise, ou bien lorsqu'on le considère comme plus important que l'amour, cela a pour conséquence la maladie, le malheur et la perte de l'argent lui-même.

Suivez le chemin de l'amour et toutes choses

vous seront données par surcroît, car *Dieu est Amour,* et *Dieu est notre richesse ;* suivez le chemin de l'égoïsme, de la rapacité, et l'abondance disparaîtra, ou bien vous en serez séparé.

J'ai connu le cas d'une dame fort riche qui thésaurisait ses revenus. Elle donnait rarement quoi que ce soit, mais s'achetait, sans cesse, des objets de toute sorte.

Elle affectionnait, particulièrement, les colliers. Une de ses amies lui demanda un jour combien elle en possédait. « Soixante-sept », répondit-elle. Elle les achetait et les mettait de côté, soigneusement enveloppés dans du papier de soie. Cela eût été légitime si elle les avait portés, mais elle violait la loi de la circulation ; ses placards étaient remplis de vêtements qu'elle ne mettait jamais.

Les bras de cette personne se paralysèrent progressivement parce qu'elle s'attachait trop avidement aux objets, et, bientôt, elle fut considérée comme incapable de gérer sa fortune et celle-ci lui fut retirée.

Voilà comment, par ignorance de la loi, on suscite sa perte.

Toute maladie, tout malheur proviennent de la violation de la loi d'amour. Les boomerangs de la haine, de la rancune et de la critique reviennent chargés de maladie et de douleur. L'amour semble presque être un art perdu, mais celui qui connaît la loi spirituelle sait qu'il faut le reconquérir, car, sans l'amour, lui-même n'est « qu'un airain qui résonne, une cymbale qui retentit ».

Une de mes élèves, par exemple, travaillait avec moi depuis des mois pour débarrasser son conscient de la rancune. Elle arriva au point où elle n'en voulait plus qu'à une seule personne, mais celle-la lui donnait fort à faire. Cependant, petit à petit, elle trouva l'équilibre et l'harmonie et, un jour, tout ressentiment disparut.

Elle arriva radieuse et s'exclama : « Vous n'imaginez pas ce que je ressens ! Cette femme m'a dit quelque chose de désagréable et, au lieu d'être furieuse, j'ai été gentille et pleine d'amour ; alors, elle s'est excusée et a été absolument charmante avec moi ! Personne ne peut savoir combien je me sens légère ! »

L'amour et la bonne volonté sont inestimables dans les affaires.

Une employée vint se plaindre à moi de sa patronne qui, prétendait-elle, était froide, d'esprit critique et ne l'aimait pas.

« Bien, lui conseillai-je, saluez la Divinité en elle et envoyez-lui des pensées d'amour. »

Elle me répondit : « Impossible, c'est une femme de marbre. »

« Vous souvenez-vous, rétorquai-je, de l'histoire du sculpteur qui réclama un certain bloc de marbre ? On lui demanda pourquoi il le voulait : « Parce qu'il y a un ange dans ce marbre » et il en tira une merveilleuse œuvre d'art.

« Bien, dit ma visiteuse, j'essayerai. » Une semaine plus tard, elle revint : « J'ai fait ce que vous m'aviez conseillé et maintenant cette dame est très bonne pour moi ; elle m'a fait faire une promenade dans sa voiture. »

Certaines personnes sont remplies de remords d'avoir fait du mal à autrui, parfois des années auparavant.

Si ce mal ne peut être réparé, son effet peut être neutralisé en faisant du bien à quelqu'un d'autre *dans le présent*.

« Je fais une chose, oubliant ce qui est en arrière je me porte vers ce qui est en avant. »

Le chagrin, le remords, les regrets détruisent les cellules du corps et empoisonnent l'atmosphère de l'individu.

Une dame, un jour, en proie à un profond chagrin, m'a demandé : « Traitez-moi afin que je sois heureuse et joyeuse, car mon chagrin me rend si irritable envers les membres de ma famille que j'en subis sans cesse le contre-coup karmique. »

On me pria aussi de traiter une mère qui pleurait sa fille. Je niai toute croyance dans les pertes et les séparations et affirmai que Dieu était la joie de cette femme, son amour et sa paix.

Elle recouvra, immédiatement, son équilibre, et me fit dire par son fils de cesser mon traitement, car maintenant elle débordait de joie.

D'autre part voilà comme l'entendement mortel s'attache à ses douleurs et ses regrets.

Une personne de mes relations se targuait sans cesse de ses malheurs, de sorte qu'elle avait toujours de quoi se vanter.

Autrefois, si une femme ne se faisait pas de souci au sujet de ses enfants, elle passait pour n'être point bonne mère.

A présent nous savons que les craintes maternelles sont responsables de bien des maladies et des accidents qui surviennent aux enfants.

La peur, en effet, imagine fortement la maladie ou la situation redoutée et ces images, si elles ne sont pas neutralisées, se matérialisent.

Heureuse est la mère qui peut dire avec sincérité qu'elle remet son enfant entre les mains de Dieu, sachant, *par conséquent,* qu'il est divinement protégé. Elle projette ainsi, autour de lui, une puissante aura protectrice.

Une femme s'éveilla subitement une nuit, sentant son frère en grand danger. Au lieu de céder à ses craintes, elle se mit à affirmer la Vérité, disant : « L'homme est une idée parfaite de l'Entendement Divin, et il est toujours à sa vraie place ; par conséquent, mon frère est à sa vraie place, divinement protégé. »

Le jour suivant, elle apprit que son frère s'était trouvé à proximité immédiate d'une explosion, dans une mine, mais qu'il avait été miraculeusement épargné.

C'est ainsi que nous sommes le gardien de notre frère (par la pensée) et chacun devrait savoir que l'objet de son affection « demeure à l'abri du Très-Haut, et repose à l'ombre du Tout-Puissant ».

« Aucun mal ne t'atteindra, aucun fléau n'approchera de ta tente. »

« L'amour parfait bannit la crainte. Celui qui craint n'est pas parfait dans l'amour. » Enfin, « l'amour est l'accomplissement de la Loi ».

CHAPITRE VIII

INTUITION, DIRECTION

« D<small>ANS</small> toutes tes voies reconnais-Le et Il te dirigera. »

Rien n'est impossible à celui qui connaît la puissance de sa parole et qui suit les directives de son intuition. Par sa parole il met en action des forces invisibles et il peut restaurer son corps et transformer ses affaires.

Il est donc de la plus grande importance de choisir les mots justes, et les affirmations que l'on va projeter dans l'invisible.

Celui qui étudie la Loi spirituelle sait que Dieu est sa richesse, que l'abondance divine répond à toutes les demandes et que la parole la fait surgir.

« Demandez et vous recevrez. »

C'est à l'homme de faire le premier pas.

« Approche-toi de Dieu et Il s'approchera de toi. »

On m'a souvent demandé comment il fallait s'y prendre pour faire une démonstration.

Je réponds : « Prononcez la parole, puis ne faites rien jusqu'à ce que vous ayez une directive précise. »

Demandez cette indication, dites : « Esprit Infini, guide-moi, fais-moi savoir s'il y a quelque chose que je doive faire. »

La réponse viendra par l'intuition, une réflexion de quelqu'un, un passage dans un livre, etc., etc. Les réponses sont parfois tout à fait surprenantes dans leur exactitude. Ainsi, une dame désirait une grosse somme d'argent. Elle prononça ces paroles : « Esprit Infini, ouvre la voie vers mon immédiate abondance, que tout ce qui est à moi par droit divin me parvienne immédiatement à profusion. » Puis elle ajouta : « Donne-moi une indication précise, fais-moi savoir s'il y a quelque chose que je doive faire. »

Aussitôt, cette pensée la traversa : « Donne à une certaine amie (qui l'avait aidée spirituellement) cent dollars. » Elle s'en ouvrit à celle-ci qui lui dit : « Attendez de recevoir une autre direction avant de le faire. » Elle attendit donc et, le même jour, rencontra une connaissance qui, au cours de la conversation, lui raconta : « J'ai donné un dollar à quelqu'un aujourd'hui ; pour moi c'est autant que si vous donniez cent dollars. »

C'était bien là une indication, elle eut la certitude qu'elle avait raison de donner les cent dollars. Ce don se révéla comme un placement excellent, car peu après, une grosse somme lui parvint d'une façon remarquable.

Donner ouvre la voie pour recevoir. Afin de créer de l'activité dans ses affaires pécuniaires, il faut donner. La dîme, c'est-à-dire offrande du dixième de ses revenus, est une vieille coutume juive qui ne manque jamais de susciter l'abondance. Beaucoup parmi les plus riches de ce pays ont l'habitude de donner la dîme ; je ne connais point de meilleur placement.

Ce dixième nous revient béni et multiplié. Mais le don de la dîme doit être fait avec amour et joie, car « Dieu aime un donateur joyeux ». Les notes doivent être payées volontiers ; tout argent doit être donné sans crainte et accompagné d'une bénédiction.

Cette attitude d'esprit fait de l'homme le maître de l'argent. Celui-ci devient son serviteur et la parole qu'il prononce ouvre alors de vastes réserves de richesses.

C'est l'homme lui-même qui, par sa vision limitée, limite son abondance.

Parfois, un étudiant ayant obtenu une

grande réalisation de richesse, a peur d'agir.
La vision et l'action doivent marcher de pair,
comme dans le cas du monsieur qui fit l'acquisition de la pelisse.

Une consultante vint me demander de « prononcer la parole » en faveur d'une situation.
Je dis donc : « Esprit Infini, ouvre la voie vers
la situation qui convient à cette personne. »
Ne demandez jamais « une situation », mais
la situation juste, c'est-à-dire celle qui est déjà
préparée dans le Plan Divin, car c'est la seule
qui vous donnera satisfaction.

Puis je rendis grâces de ce qu'elle avait déjà
reçu et de ce que la situation se manifestait
rapidement. Peu après, on lui en offrit trois,
deux à New York et une autre à Palm Beach,
elle ne savait laquelle prendre. Je lui dis :
« Demandez une direction précise. »

Le délai pour sa réponse allait expirer et
elle ne parvenait toujours pas à se décider,
lorsqu'un jour elle me téléphona. « En me
réveillant ce matin, me dit-elle, j'ai eu l'impression de sentir le parfum de Palm Beach. »
Elle y avait déjà été et connaissait son air
embaumé.

« Alors, lui répondis-je, voilà certainement
l'indication attendue. » Elle accepta donc la
situation qu'on lui offrait et celle-ci lui fut

extrêmement favorable. Souvent les directives surviennent à un moment inattendu.

Un jour, je marchais dans la rue, lorsque subitement j'eus envie d'entrer dans une certaine boulangerie qui se trouvait un peu plus loin.

La raison résistait en moi, disant : « Il n'y a rien dans cette boulangerie dont tu aies besoin. »

Cependant, j'avais appris à ne point raisonner ; j'y allai donc, regardai autour de moi et m'aperçus qu'en effet je n'avais besoin de rien, mais, en sortant, je rencontrai une dame à laquelle j'avais souvent pensé et qui avait grand besoin d'une aide que je pouvais lui offrir.

Ainsi, souvent, on va chercher une chose pour en trouver une autre.

L'intuition est une faculté spirituelle qui n'explique point, elle ne fait que *montrer le chemin*.

On reçoit souvent une direction pendant un « traitement ». L'idée qui surgit peut sembler tout à fait incongrue, mais certaines directives de Dieu sont « mystérieuses ».

En faisant un cours, un jour, je « traitais » pour que chaque étudiant reçoive une indication bien définie. Après le cours, une élève

vint me dire : « Tandis que vous « traitiez »,
j'ai reçu l'idée de sortir mes meubles du garde-
meuble et de prendre un appartement. » Or,
elle était venue pour être traitée pour la santé.
Je lui dis que je savais qu'en se créant un
foyer sa santé s'améliorerait et j'ajoutai :
« Je pense que votre maladie, qui est conges-
tive, provient que ce que vous mettez les choses
de côté. La congestion des choses provoque
la congestion du corps. Vous avez violé la loi
de la circulation et votre corps en paie les
conséquences. »

Puis je rendis grâce de ce que « *l'Ordre
divin était rétabli dans son esprit, son corps
et ses affaires* ».

On est loin de se douter à quel point les
affaires réagissent sur la santé. Toute maladie
comporte une correspondance mentale. Une
personne pourrait être guérie instantanément
en comprenant que son corps est une idée parfaite de l'Entendement Divin et, par conséquent, qu'il est sain et parfait, mais si elle
continue à penser d'une façon destructive, si
elle thésaurise, si elle hait, si elle a peur, si
elle condamne, la maladie récidivera.

Jésus-Christ savait que toute maladie provient du péché ; après avoir guéri le lépreux,

Il lui dit : « Va et ne pêche plus de crainte qu'un mal pire ne t'afflige. »

Ainsi l'âme (le subconscient) doit être lavée et devenue blanche comme neige pour que la guérison soit permanente. Le métaphysicien fait donc toujours de profonds sondages pour découvrir la « correspondance ».

Jésus-Christ a dit : « Ne condamne point de peur d'être condamné aussi. »

« Ne jugez point, afin de n'être pas jugé. »

Beaucoup se sont attiré la maladie et le malheur en condamnant les autres.

Ce que l'homme condamne en autrui, il se l'attire.

Une amie vint me voir pleine de colère et de douleur parce que son mari l'avait abandonnée pour une autre. Elle blâmait cette femme et répétait sans cesse : « Elle savait qu'il était marié et n'avait pas le droit d'accepter ses hommages. »

Je lui répondis : « Cessez de condamner cette femme, bénissez-là et finissez-en avec cette situation, autrement vous vous attirerez la même chose. »

Elle demeura sourde à mes paroles et, un an ou deux après, s'éprit elle-même d'un homme marié.

Lorsqu'il critique ou condamne, c'est comme

si l'homme ramassait un fil à haute tension, il peut s'attendre à un choc.

L'indécision est une pierre d'achoppement sur bien des routes. Pour la surmonter, répétez sans cesse : « Je suis toujours sous l'inspiration directe ; je prends rapidement de bonnes décisions. »

Ces paroles impressionnent le subconscient et l'on ne tarde pas à se trouver alerte et dépouillé de toute hésitation. J'ai appris qu'il est néfaste de chercher ses directives sur le plan psychique, car ce plan est celui de nombreux esprits et non point de l'Unique Esprit.

Au fur et à mesure que l'homme ouvre son esprit à la subjectivité, il devient une cible pour les forces destructrices. Le plan psychique est le résultat de la pensée mortelle, c'est le plan des « oppositions ». On en reçoit de bons ou de mauvais messages.

La science des nombres, les horoscopes, maintiennent l'homme sur le plan mental (ou mortel), car ils ne s'occupent que de la voie Karmique.

Je connais un monsieur qui, d'après son horoscope, devrait être mort depuis des années, or il se porte bien, et dirige un des plus grands mouvements de ce pays, pour le bien de l'humanité.

Pour neutraliser une prédiction néfaste, il faut une très puissante mentalité.

L'étudiant doit déclarer : « Toute prédiction fausse sera annihilée ; tout plan qui ne vient pas de mon Père céleste sera éliminé et se dissipera, l'idée divine se réalise maintenant. »

Cependant, si l'on a reçu un bon message, un message qui prédit le bonheur ou la fortune, il faut l'accueillir et en attendre la réalisation, ce qui en facilitera la manifestation.

La volonté humaine doit servir à soutenir la volonté divine. « Je veux que la volonté de Dieu soit faite. »

La volonté de Dieu est d'accorder à chacun tous les désirs légitimes de son cœur, et la volonté de l'homme devrait s'employer à maintenir, sans faiblir, une vision parfaite.

L'Enfant Prodige s'écria : « Je me lèverai et j'irai vers mon Père. »

Il faut parfois un effort de volonté pour quitter les « caroubes et les porcs » de l'entendement humain. Il est tellement plus facile au commun des mortels de craindre que d'avoir la foi : *la foi est donc un effort de la volonté.*

En s'éveillant à la spiritualité l'homme reconnaît que tout ce qui est discordant autour de lui correspond à une inharmonie mentale.

S'il trébuche, s'il tombe, il peut se dire qu'il trébuche et tombe en son entendement.

Un jour, une de mes élèves marchait dans la rue, condamnant quelqu'un en pensée. Elle se disait : « Cette femme est la plus désagréable de la terre », lorsque, brusquement, trois scouts se précipitant au tournant de la rue, faillirent la jeter par terre. Elle ne leur en voulut pas, mais fit immédiatement appel à la loi du pardon en « saluant la divinité » en cette dame. Les voies de la sagesse sont des voies agréables et remplies de paix.

Lorsque l'on fait appel à l'Universel, il faut s'attendre aux surprises. Tout peut sembler aller mal, alors qu'en réalité tout va bien.

Une étudiante avait appris qu'il n'y a pas de perte en l'Entendement divin et que, par conséquent, elle ne pouvait pas perdre ce qui lui appartenait, que ce qui était perdu lui serait rendu ou bien qu'elle en recevrait l'équivalent.

Plusieurs années auparavant elle avait perdu deux mille dollars. Elle avait prêté cette somme à une parente, morte sans en faire mention dans son testament. Cette élève était pleine d'amertume et de colère car elle n'avait aucune preuve de cette transaction. Elle décida de nier cette perte et de demander les deux mille dollars à la Banque de l'Universel.

Elle dut commencer par pardonner à sa parente, car la rancune et le refus de pardonner ferment les portes de cette banque merveilleuse.

Elle affirma : « Je nie cette perte, il n'y a pas de perte dans l'Entendement Divin, par conséquent je ne puis perdre ces deux mille dollars qui m'appartiennent par droit divin. *Lorsqu'une porte se ferme une autre porte s'ouvre.* »

Elle habitait un appartement dans un immeuble qui était à vendre ; le bail contenait une clause stipulant que si la maison se vendait, les locataires seraient tenus de déménager dans les quatre-vingt-dix jours.

Brusquement, le propriétaire dénonça les baux et augmenta les loyers. A nouveau, l'injustice surgissait sur sa route, mais cette fois, cela ne la troubla point. Elle bénit le propriétaire et dit : « Puisque le loyer est augmenté, cela signifie que je serai d'autant plus riche, car Dieu est ma richesse. »

De nouveaux baux furent établis selon le nouveau loyer, mais, par une erreur providentielle, la clause des quatre-vingt-dix jours fut omise.

Peu après, le propriétaire eut l'occasion de vendre sa maison. Grâce à l'erreur commise

sur les nouveaux baux, les locataires restèrent
en possession des locaux pendant un an.

Le gérant offrit à chacun d'eux deux cents
dollars pour s'en aller. Plusieurs familles
déménagèrent, trois demeurèrent, y compris
la dame en question. Un mois ou deux passèrent. Le gérant revint à la charge. Cette fois
il proposa à son amie : « Voulez-vous accepter
la somme de quinze cents dollars ? » En un
éclair, elle pensa : « Voilà mes deux mille
dollars. » Elle se souvint avoir dit à des amis
qui habitaient la maison : « Nous agirons
ensemble si on nous reparle de déménager. »
Sa *direction* était donc de consulter ses amis.

Ceux-ci déclarèrent : « Si l'on vous a offert
quinze cents dollars, on vous en donnera certainement deux mille. » En effet, elle reçut un
chèque de deux mille dollars en échange de
son bail. Ce fut une remarquable démonstration de la loi, l'injustice apparente ne fit
qu'ouvrir la porte à la démonstration.

Ceci prouve qu'il n'y a pas de perte et que
lorsque l'homme agit selon la loi spirituelle,
il tire tout ce qui est à lui de ce grand Réser-
voir du Bien.

« Je te rendrai les années détruites par les
sauterelles. »

Les sauterelles, ce sont les doutes, les crain-

tes, les ressentiments et les regrets de l'entendement mortel.

Seules, ces pensées adverses détroussent
l'homme ; car « Nul ne donne à l'homme si
ce n'est lui-même, et personne ne le vole si
ce n'est lui-même ».

Nous sommes ici pour faire la preuve de
Dieu et « pour porter le témoignage de la
vérité », or nous ne pouvons prouver Dieu
qu'en faisant surgir l'abondance de la pénurie
et la justice de l'injustice.

« Mettez-moi à l'épreuve, dit l'Eternel des
multitudes. Et vous verrez si je n'ouvre pas
pour vous les écluses des cieux, si je ne
répands pas sur vous une bénédiction telle que
vous n'aurez pas la place pour la contenir. »
(Mal. III : 10.)

CHAPITRE IX

LA PARFAITE EXPRESSION DE SOI
OU LE DESSEIN DIVIN

« Aucun vent ne peut égarer ma barque ni changer le cours de ma destinée. »

Pour tout homme, il existe une parfaite expression de soi. Il y a une place qu'il doit occuper et que personne d'autre ne peut occuper à sa place, il y a quelque chose qu'il doit faire et qui ne peut être fait que par lui ; c'est sa destinée !

Cette idée parfaite, maintenue dans l'Entendement Divin, attend que l'homme la reconnaisse. Puisque la faculté d'imagination est une faculté créatrice, il est nécessaire que l'homme perçoive l'idée avant qu'elle puisse se réaliser.

L'appel le plus élevé de l'homme concernera donc le Dessein Divin de sa vie.

Il est possible qu'il n'en ait pas la moindre

conception, car il peut y avoir, profondément caché en lui, quelque merveilleux talent.

Son appel devrait .être : « *Esprit Divin, ouvre la voie pour que se manifeste le Dessein Divin de ma vie ; que le génie qui est en moi soit libéré ; que je saisisse clairement le Plan Parfait.* »

Le Plan parfait comprend la santé, la fortune, l'amour et la parfaite expression de soi. Voilà la quadrature de la vie qui apporte le bonheur parfait. Après avoir fait cet appel, de grands changements peuvent se produire dans la vie, car presque tous les hommes se sont éloignés du Dessein Divin.

Je connais le cas d'une certaine personne : il semblait qu'un cyclone eût dévasté ses affaires, mais elles se réajustèrent vite et de nouvelles et merveilleuses conditions se substituèrent aux anciennes.

L'expression parfaite de soi ne se manifestera jamais par une tâche ingrate, mais celle-ci aura, au contraire, un intérêt si absorbant que cela semblera presque un jeu. Celui qui s'initie à la vérité sait aussi qu'en pénétrant dans le monde dont Dieu dirige les finances, l'abondance nécessaire à sa parfaite expression sera à portée de sa main.

Plus d'un génie s'est débattu pendant des

années dans des problèmes financiers, alors qu'en prononçant avec foi, la parole, il aurait rapidement libéré les fonds nécessaires.

Voulez-vous un exemple ? Après un cours, un étudiant vint me voir et me tendit un cent (centième partie d'un dollar. N.T.) ; il me dit « J'ai tout juste sept cents au monde, et je vais vous en donner un, car j'ai foi dans la puissance de votre parole ; je vous demande de prononcer la parole pour ma parfaite expression et ma prospérité. »

Je « prononçai la parole » et ne le revis que l'année suivante. Il arriva un jour, heureux, en pleine réussite, ayant en poche une liasse de billets de banque. Il me dit tout de suite : « Aussitôt que vous avez prononcé la parole, une situation m'a été offerte dans une ville éloignée et je démontre à présent la santé, le bonheur, l'opulence. »

Pour une femme, l'expression parfaite peut être de devenir une épouse remarquable, une mère idéale, une maîtresse de maison accomplie et pas nécessairement de briller dans une carrière.

Demandez des directions nettes et la voie vous sera tracée, facile et pleine de succès.

On ne doit ni « se représenter », ni forcer

une image, lorsque l'on demande que le Dessein Divin pénètre dans le conscient ; on reçoit des éclairs d'inspiration et l'on commence à se voir accomplissant de grandes choses. Voilà l'image ou l'idée à laquelle il convient de se tenir sans vaciller. Ce que l'homme cherche, le cherche — *le téléphone cherchait Bell !*

Les parents ne devraient jamais imposer des carrières ou des professions à leurs enfants. Connaissant la Vérité spirituelle, ils devraient, tôt dans la vie de l'enfant ou même avant sa naissance, prononcer la parole pour que le Plan Divin s'accomplisse.

Un traitement prénatal devrait être ainsi conçu : « Que le Dieu qui est dans cet enfant S'exprime parfaitement ; que le Dessein Divin pour son esprit, son corps et ses affaires se manifeste tout au long de sa vie, tout au long de l'Eternité. »

Que la volonté de Dieu soit faite et non celle de l'homme ; selon le modèle de Dieu et non celui de l'homme, voilà le commandement que nous trouvons constamment dans les Ecritures et la Bible est un livre qui traite de la Science de l'esprit et qui enseigne à l'homme à libérer son âme (le subconscient) de l'esclavage.

Les batailles qui y sont décrites représentent

les luttes de l'homme contre les pensées mortelles : « les ennemis de l'homme seront ceux de sa propre maison ». Tout homme est Josaphat et tout homme est David qui extermine Goliath (la pensée, l'entendement mortel) grâce à la petite pierre blanche (la foi).

Ainsi, l'homme doit prendre garde de ne pas être le « méchant serviteur » qui enterra son talent. Ne pas se servir de ses dons entraîne de terribles pénalités.

Souvent la peur empêche l'homme de s'exprimer parfaitement. Le « trac » a gêné plus d'un génie ; il peut cependant être surmonté par la parole prononcée ou le « traitement » ; l'individu perd, alors, toute conscience de soi et sent seulement qu'il est un moyen par lequel s'exprime l'Intelligence Infinie.

Il est alors sous l'inspiration directe, dénué de toute crainte, plein de confiance, car il sent que c'est le « Père en lui » qui agit.

Un jeune garçon assistait souvent à mon cours avec sa mère. Il me pria de « prononcer la parole » pour un examen qu'il avait à passer.

Je lui conseillai cette affirmation : « Je suis uni à l'Intelligence Infinie ; je sais tout ce que je dois savoir sur cette matière » ; il avait d'excellentes connaissances en histoire, mais il n'était pas sûr de lui en arithmétique.

Je le revis peu après : « J'ai prononcé la parole pour l'arithmétique et j'ai été reçu avec les meilleures notes, mais j'ai cru pouvoir me fier à moi-même pour l'histoire et mes notes ont été très médiocres. » L'homme reçoit souvent un camouflet lorsqu'il est trop sûr de lui-même, car il met alors sa confiance dans sa personnalité et non pas dans « le Père qui est en lui ».

Une autre de mes élèves me donna cet exemple. Un été, elle fit un long voyage, visitant de nombreux pays dont elle ignorait la langue. A chaque instant, elle demandait les directives et la protection divines, et tout alla miraculeusement. Ses bagages ne furent jamais ni retardés, ni égarés ; elle trouva partout le gîte dans les meilleurs hôtels et partout fut parfaitement servie. Elle revint à New York où, connaissant la langue, elle pensa que Dieu ne lui était plus nécessaire et fit face à ses affaires sans plus prier.

Tout alla mal ; ses malles s'égarèrent au milieu de l'agitation et du désordre. L'étudiant en métaphysique doit prendre l'habitude de « pratiquer la Présence de Dieu » à chaque minute. « *Reconnais-Le dans toutes tes voies* », rien n'est insignifiant, ni trop important.

Parfois, un incident menu peut transformer une vie.

Robert Fulton, regardant bouillir doucement de l'eau dans une bouilloire à thé, imagina un paquebot !

J'ai souvent vu un étudiant retarder sa démonstration par sa résistance ou bien parce qu'il voulait choisir lui-même sa voie. Ce faisant, il limitait sa foi et arrêtait la manifestation.

« Mes voies et non vos voies ! » commande l'Intelligence Infinie. A l'instar de toute l'énergie, que ce soit la vapeur ou l'électricité, il lui faut un instrument n'offrant aucune résistance et l'homme est cet instrument.

Constamment, les Ecritures enjoignent à l'homme de se « tenir tranquille ». « O, Juda, ne crains point ; mais demain, va à leur rencontre, car le Seigneur sera avec toi. Tu n'auras pas à combattre cette bataille ; détends-toi, tiens-toi tranquille et contemple la délivrance du Seigneur qui est avec toi. »

Nous avons constaté cela pour la dame qui reçut de son propriétaire ses deux mille dollars lorsqu'elle devint *non-résistante et d'une foi imperturbable,* et aussi pour celle qui gagna l'amour de l'homme qu'elle chérissait « lorsque toute souffrance eut cessé ».

Le but de l'étudiant en métaphysique, c'est *l'Equilibre, la maîtrise de soi. La maîtrise de soi, c'est la puissance,* car elle donne à la Puissance-Dieu la possibilité d'affluer à travers l'homme, afin « d'agir selon Son bon vouloir ».

Maître de lui, l'étudiant pense clairement et « prend rapidement les bonnes décisions » : « il ne manque jamais une levée ».

La colère altère la vision, empoisonne le sang : c'est la cause de bien des maladies et de décisions conduisant au désastre.

On l'a placée parmi les péchés capitaux tant ses réactions sont malfaisantes. L'étudiant apprend qu'en métaphysique le mot péché a un sens beaucoup plus large que dans l'enseignement de jadis : « tout ce qui est contraire à la foi est péché ».

Il s'aperçoit que la crainte et l'inquiétude sont de mortels péchés. C'est de la foi inversée et, par des images mentales déformées, il provoque ce qu'il redoute. Son travail consiste à bouter dehors ses ennemis (hors du subconscient). « Lorsque l'homme est exempt de crainte, il est parfait ! » Mais comme l'a dit Maeterlink, « l'homme a peur de Dieu ».

Ainsi donc, comme nous l'avons lu dans les précédents chapitres, l'homme ne peut vaincre la peur qu'en faisant face à ce qui l'effraie.

Lorsque Josaphat et son armée se préparèrent à aller à la rencontre de l'ennemi en chantant : « Loué soit le Seigneur, car sa miséricorde dure à jamais », ils s'aperçurent que leurs ennemis s'étaient entretués, et qu'il n'y avait plus personne à combattre.

Une personne avait demandé à une de ses amies de transmettre un message à une tierce personne. Cette amie redoutait cette démarche car la raison lui conseillait : « Ne te mêle pas de cette affaire et ne te charge pas de cette commission. »

Elle était fort ennuyée, ayant donné sa parole. Enfin, elle se décida à « faire face au lion » et à faire appel à la loi de protection divine. Elle rencontra la personne à laquelle elle devait parler, ouvrit la bouche et, au même moment, celle-ci lui annonça : « Un tel a quitté la ville », ce qui rendait inutile sa communication, car la situation dépendait de la présence en ville de cette personne.

Parce qu'elle avait été prête à agir, — c'est-à-dire non-résistante — elle n'y fut pas obligée ; puisqu'elle n'avait pas peur, la situation embarrassante disparut.

L'étudiant retarde souvent sa démonstration en maintenant l'idée qu'elle est incomplète ; il devrait faire cette affirmation : « En l'Esprit Divin, tout est achevé, par conséquent, ma démonstration est complète, mon travail parfait, mon foyer parfait, ma santé parfaite. » Quoi que ce soit qu'il demande, ce sont des idées parfaites, enregistrées dans l'Entendement Divin et qui doivent se manifester « par la grâce et d'une manière parfaite ». Il doit rendre grâces d'avoir déjà reçu dans l'Invisible et se préparer activement à recevoir sur le plan visible.

Une de mes élèves avait besoin de faire une démonstration pécuniaire ; elle vint me voir pour me demander pourquoi cette démonstration n'aboutissait pas.

« Peut-être avez-vous l'habitude de ne point terminer ce que vous entreprenez, et votre subconscient a pris l'habitude de ne pas terminer non plus » (au-dehors, comme au-dedans).

« Vous avez raison, me répondit-elle, je commence souvent des choses que je n'achève pas. Je vais rentrer chez moi et finir quelque chose que j'ai commencé il y a des semaines, je suis sûre que ce sera le symbole de ma démonstration. »

Elle se mit donc à coudre assidûment et, bientôt, sa tâche fut achevée. Peu après, l'argent lui parvint d'une curieuse façon.

Ce mois-là, son mari reçut son salaire en double. Il en avertit ses patrons qui lui dirent de garder l'argent.

Lorsque l'homme demande *avec foi, il ne peut manquer de recevoir, car Dieu crée Ses propres voies !*

On m'a, parfois, posé cette question : « Supposez que l'on ait plusieurs talents, comment savoir lequel choisir ? » Demandez de recevoir une direction nette, dites : « Esprit Infini, donne-moi une indication claire, révèle-moi ce qui doit être ma parfaite expression, montre-moi quel est le talent dont je dois me servir maintenant. »

J'ai vu des gens se livrer, brusquement, à une tâche nouvelle et se trouver pleinement compétents avec peu ou pas d'apprentissage. Affirmez donc : « Je suis tout équipé pour le Plan Divin de ma vie », et saisissez sans crainte les occasions qui se présentent.

Certaines personnes donnent volontiers, mais ne savent point recevoir ; elles refusent les cadeaux, par orgueil, ou pour quelque raison négative, tarissant, ainsi, leurs sources et, invariablement, se trouvent à peu près dénuées de tout. C'est ainsi qu'une dame qui avait donné beaucoup d'argent, se vit offrir un don de plusieurs milliers de dollars. Elle le refusa, disant qu'elle n'en avait pas besoin. Peu après, ses finances se trouvant embarrassées, elle fut endettée précisément de cette somme. Il faut recevoir, avec grâce, le pain « qui nous revient sur les eaux » ; librement, vous avez donné, librement, vous devez recevoir.

L'équilibre entre donner et recevoir existe toujours, et, bien que l'homme doive donner sans souci de retour, il viole la loi, s'il n'accepte pas ce qui lui revient ; car tout don vient de Dieu, l'homme n'est que le canal.

Il ne faut jamais avoir, au sujet de celui qui donne, une pensée de pénurie.

Par exemple, lorsque l'auditeur dont j'ai parlé m'a donné son cent, je n'ai pas pensé : « Pauvre homme, il n'a pas les moyens de me donner ce cent. » Je l'ai vu riche et prospère, recevant sa part d'abondance à flots. C'est cette pensée qui la lui amena. Si l'on ne sait pas recevoir, il faut apprendre, et accepter pour faire jaillir les sources, même un timbre-poste qu'on vous offre.

Le Seigneur aime celui qui sait recevoir autant que celui qui sait donner.

On m'a souvent demandé pourquoi un homme naît riche et bien portant et un autre pauvre et malade.

Là où il y a un effet, il y a toujours une cause ; le hasard n'existe pas.

Cette question trouve sa réponse dans la loi de la réincarnation. L'homme passe par de nombreuses vies, de nombreuses morts, avant de connaître la Vérité qui le rend libre.

Il est attiré vers la terre à cause de ses désirs demeurés insatisfaits, pour payer ses dettes karmiques ou pour « accomplir sa destinée ».

Celui qui naît riche et bien portant a maintenu dans son subconscient, au cours de sa vie antérieure, des images d'opulence et de santé ; celui qui est malade et pauvre, a créé des images de maladie et de pauvreté.

Sur quelque plan que ce soit, l'homme manifeste la somme totale des convictions de son subconscient.

Cependant, la naissance et la mort sont des lois établies par les hommes, car « le salaire du péché, c'est la mort », la chute Adamique de la conscience par la croyance en *deux pouvoirs* (le bien et le mal. N. T.). L'homme réel, l'homme spirituel ne connaît ni naissance, ni mort ! Il n'est jamais né et n'est jamais mort — « il était dès le commencement et sera toujours ! »

Ainsi par la connaissance de la Vérité,

l'homme se libère de la loi du Karma, du péché et de la mort et il manifeste l'homme créé à « l'image de Dieu et selon Sa ressemblance ». Sa libération s'opère tandis qu'il accomplit sa destinée, faisant surgir la manifestation du Dessein Divin de sa vie.

Son Seigneur lui dira : « C'est bien, bon et loyal serviteur, tu as été fidèle en peu de chose, je t'établirai sur beaucoup (la mort elle-même) : entre dans la joie de ton Seigneur (la vie éternelle). »

CHAPITRE X

NEGATIONS ET AFFIRMATIONS

T u décréteras une chose et elle te sera établie. »

Tout le bien qui doit se manifester dans la vie d'un homme est déjà un fait accompli dans l'Entendement Divin. Il attend, pour surgir, que l'homme le reconnaisse ou prononce la parole, de sorte que celui-ci doit avoir soin de décréter que, seule, l'Idée Divine se manifeste, car souvent, il décrète par « ses vaines paroles » l'échec et le malheur.

Il est de la plus haute importance d'énoncer correctement ses demandes, comme il a été dit dans un chapitre précédent.

Si l'on désire un foyer, des amis, une position, ou quelque autre bonne chose, il faut demander la « sélection divine ».

Par exemple : « Esprit Infini, ouvre la voie conduisant vers mon vrai foyer, mes véritables amis, ma vraie position. Je Te remercie de ce qu'il (ou elle) se manifeste maintenant par la grâce d'une façon parfaite. »

La fin de l'affirmation est d'une importance capitale. En voici la preuve : Une dame de mes relations demanda mille dollars. Sa fille fut victime d'un accident et elles reçurent mille dollars d'indemnité, de sorte que ceux-ci ne lui parvinrent pas d'une « façon parfaite ». La demande aurait dû être faite de la façon suivante : « Esprit Infini, je Te remercie de ce que les mille dollars qui m'appartiennent par droit divin sont maintenant libérés et me parviennent par la grâce et d'une manière parfaite. »

A mesure que l'on développe sa conscience de l'opulence, il convient de préciser que les énormes sommes d'argent qui nous appartiennent, par droit divin, nous parviennent par la grâce et des moyens parfaits.

Il est impossible de donner libre cours à plus qu'on ne croit possible, car nous sommes bornés par les prétentions du subconscient. Il faut élargir ces prétentions afin de recevoir plus largement.

L'homme se limite, souvent, dans ses demandes. Ainsi un étudiant demanda six cents dollars, pour une certaine date. Il les obtint, mais il apprit, peu après, qu'il avait failli en recevoir mille ; cependant, conformément à la parole qu'il avait prononcée, on ne lui en donna que six cents.

« Ils ont limité le Saint d'Israël. » La richesse est affaire de conscience. Les Français ont une légende qui illustre cette vérité.

Un pauvre homme marchait dans la rue lorsqu'il rencontra un voyageur qui l'arrêta et lui dit : « Mon ami, je vois que tu es malheureux, prends ce lingot d'or, vends-le et tu seras riche toute ta vie. »

L'homme, transporté de joie par cette bonne aubaine, emporta le lingot chez lui. Immédiatement, il trouva du travail et gagna tant d'argent qu'il ne vendit point le lingot. Les années passèrent, il devint très riche. Un jour, il croisa sur la route un pauvre ; il l'arrêta et lui dit : « Mon ami, je vais te donner ce lingot d'or, car en le vendant, tu seras riche toute ta vie. » Le mendiant prit le lingot, le fit estimer, et s'aperçut que ce n'était que du cuivre. Ainsi, nous le voyons, le premier de ces deux hommes devint riche parce qu'il eut le sentiment de la richesse, pensant que le lingot était d'or.

Tout homme porte en soi un lingot d'or ; *c'est la conscience de l'or, de l'opulence, qui amène les richesses dans sa vie.* En formulant ses demandes, il faut commencer par la fin, c'est-à-dire déclarer *avoir déjà reçu* ». « Avant qu'ils m'appellent, je répondrai. »

En affirmant continuellement, la foi s'établit dans le subconscient.

Ce ne serait pas nécessaire de répéter une affirmation, si l'on avait une foi parfaite ! On ne doit ni supplier, ni plaider, mais rendre grâces constamment de ce que l'on a reçu.

« Le désert se *réjouira* et s'épanouira comme la rose. » Le fait de se réjouir, alors que l'on est encore dans le désert (état de conscience) ouvre la voie de la libération. L'Oraison Dominicale est, à la fois, un commandement et une demande. « Donne-nous, aujourd'hui, notre pain quotidien et pardonne-nous nos offenses, comme nous pardonnons à ceux qui nous ont offensés » et se termine par la louange « Car, c'est à Toi qu'appartiennent, dans tous les siècles, le Règne, la Puissance et la Gloire. Amen. » Ainsi donc, la prière est un commandement et une demande, une louange et une action de grâces. Le travail de l'étudiant consiste à parvenir à croire « qu'avec Dieu tout est possible ».

Ceci paraît aisé, dans l'abstrait, mais un peu plus difficile lorsqu'on se trouve en présence d'une difficulté. Par exemple, il était nécessaire qu'une dame fît la démonstration d'une grosse somme d'argent, dans un certain délai. Elle savait qu'elle devait *faire quelque chose* pour obtenir une réalisation (car la réalisation est la manifestation), et elle demanda des directives. Peu après, en traversant un grand magasin, elle aperçut un très beau coupe-papier en émail rose. Elle se sentit attirée vers cet objet. Elle pensa soudain : « Je n'ai pas de coupe-papier assez élégant pour ouvrir des lettres contenant de gros chèques. »

Elle l'acheta donc, malgré sa raison qui lui disait que c'était là une folle dépense. Lorsqu'elle l'avait en main, elle se voyait, dans un éclair, ouvrant une enveloppe contenant un chèque important et, quelques semaines plus tard, elle reçut l'argent dont elle avait besoin. Le coupe-papier d'émail rose avait été le pont sur lequel avait passé sa foi active.

Les récits abondent sur la puissance du subconscient lorsqu'il est dirigé dans la foi.

Un homme, par exemple, passait la nuit dans une ferme. Les fenêtres de sa chambre avaient été clouées et, au milieu de la nuit, se sentant suffoquer, il alla, dans l'obscurité, vers une des fenêtres. Ne parvenant pas à l'ouvrir, il en brisa, de son poing, un carreau, et passa ensuite une nuit excellente.

Le lendemain matin, il s'aperçut qu'il avait brisé la vitre d'une bibliothèque et que la fenêtre était restée close toute la nuit. *Il s'était procuré de l'oxygène en pensant simplement à l'oxygène.*

Lorsqu'un étudiant a commencé de faire des démonstrations de la loi spirituelle, il ne doit jamais revenir en arrière : « Que celui qui vacille ne pense pas qu'il recevra quoi que ce soit du Seigneur. »

Un étudiant noir dit un jour cette chose magnifique : « Lorsque je demande quelque chose au Père, je suis catégorique, je dis : « Père, je ne prendrai pas moins que ce que j'ai demandé, mais davantage ! » Ainsi, l'homme ne doit jamais transiger : « Ayant fait le nécessaire, maintenez votre position. » C'est parfois le moment le plus difficile de la démonstration. On est, sans cesse, tenté d'abandonner, de revenir en arrière, de transiger.

N'oublions pas qu' « Il sert aussi celui qui ne fait qu'attendre patiemment ».

Les démonstrations se font, souvent, à la onzième heure, parce qu'alors, l'individu se détend, c'est-à-dire cesse de raisonner, et qu'à ce moment, l'Intelligence Infinie peut agir.

« Les désirs sombres reçoivent une sombre réponse, et les désirs violents reçoivent une violente réponse, ou tardent à se réaliser. »

Une dame me demanda pourquoi elle perdait ou brisait constamment ses lunettes.

En analysant, nous découvrîmes qu'elle disait souvent aux autres et à elle-même, avec agacement : « Je voudrais bien me débarrasser de mes lunettes. » Et son impatient désir se réalisait violemment. Elle aurait dû demander une vue parfaite, mais elle n'enregistrait dans le subconscient que le vif désir de se débarrasser de ses verres ; aussi, continuellement, ils se brisaient ou se perdaient.

La dualité de l'attitude d'esprit entraîne les pertes, les dépréciations, comme ce fut le cas pour la personne qui n'appréciait pas son mari, ou bien *la peur de perdre,* qui crée, dans le subconscient, l'image des pertes.

Lorsque l'étudiant parviendra à se libérer de son problème (à rejeter le fardeau), il obtiendra une manifestation instantanée.

Ainsi une dame était dans la rue, par un violent orage et son parapluie se retourna. Elle allait faire une visite chez des gens qu'elle ne connaissait pas et ne se souciait pas d'apparaître avec un parapluie cassé. Elle ne pouvait, d'autre part, le jeter, car il ne lui appartenait pas. En désespoir de cause, elle s'écria : « Oh, Seigneur, prends soin de ce parapluie, je ne sais qu'en faire ! »

Un instant après, une voix dit, derrière elle : « Madame, voulez-vous que je répare votre parapluie ? » Un raccommodeur se tenait là. Elle s'empressa d'acquiescer.

Le parapluie fut remis en état tandis qu'elle allait faire sa visite et elle retrouva un objet tout neuf. Il y a toujours, à portée de notre main, un raccommodeur de parapluies, lorsque nous savons remettre le parapluie, c'est-à-dire la situation qui nous préoccupe, entre les mains de Dieu.

Une négation doit toujours être suivie d'une affirmation.

Tard, une nuit, je fus appelée par téléphone, pour traiter un homme que je n'avais jamais vu. Il était apparemment très malade. Je dis : « Je nie cette apparence de maladie. Elle est irréelle et, partant, ne peut s'enregistrer dans son subconscient ; cet homme est une idée parfaite de l'Entendement Divin, pure substance exprimant la perfection. »

Le lendemain matin, il allait beaucoup mieux et, le surlendemain, vaquait à ses affaires.

Dans l'Entendement Divin, il n'y a ni temps, ni espace, par conséquent, la parole atteint instantanément sa destination et ne « revient pas à vide ». J'ai traité des malades qui se trouvaient en Europe et le résultat fut immédiat.

On me demande souvent quelle est la différence entre l'imagination et la vision, « visualiser » et « visionner ». Imaginer, est un processus mental gouverné par le raisonnement ou conscient ; la vision est un processus spirituel, gouverné par l'intuition ou superconscient. L'étudiant doit entraîner son esprit à recevoir ces éclairs d'inspiration et à réaliser ces « images divines » au moyen de directives nettes. Lorsqu'un homme peut dire : « Je ne désire que ce que Dieu veut pour moi », ses désirs erronés s'effacent de sa conscience et le Maître Architecte, Dieu en lui, lui remet des plans nouveaux.

Le plan de Dieu, pour tout homme, surpasse les restrictions du raisonnement (1), c'est toujours la quadrature de la vie qui contient

---

(1) Les qualités les plus subtiles du cerveau ne sont pas forcément rationnelles et notre raison n'est pas assez puissante pour suppléer à notre connaissance directe des faits. L'intuition dispose d'un champ d'action plus vaste que celui de la raison, et la foi religieuse, purement intuitive, constitue un

la santé, la fortune, l'amour et l'expression de soi parfaite. Plus d'un homme se construit, en imagination, un cottage alors qu'il devrait se construire un palais.

Si l'étudiant tente de forcer la démonstration (par le raisonnement), il la met au point mort. « Je hâterai les choses, dit le Seigneur. » Il ne doit agir que par intuition, ou d'après des directives bien définies. « Repose-toi dans le Seigneur et attends avec patience ; confie-toi aussi en lui, il t'exaucera. »

J'ai vu la loi agir dans des conditions extrêmement étonnantes. Par exemple, une étudiante me dit qu'il lui était nécessaire d'obtenir cent dollars pour le jour suivant. C'était une dette d'une importance vitale qu'il s'agissait d'acquitter. Je « prononçai la parole », déclarant que l'Esprit n'est jamais en retard et que l'abondance est toujours à portée de la main.

Le soir même, elle me téléphona pour me faire part du miracle. L'idée lui était venue d'aller examiner des papiers qui se trouvaient

---

levier humain autrement efficace que la science et la philosophie. C'est la conviction qui fait agir, non la connaissance.

(Pierre LECOMTE du NOUY.)

(La Dignité humaine.) N. T.

dans son coffre à la banque. Ayant compulsé
les documents, elle trouva, au fond du coffre,
un billet neuf de cent dollars. Elle en fut stupé-
faite, et me dit être sûre de ne l'y avoir point
mis, car elle avait souvent remué ces papiers.
Il se peut que ce fut une matérialisation, comme Jésus matérialisa les pains et les poissons.

L'homme atteindra le stade où sa « parole
devient chair », c'est-à-dire, se matérialisera
instantanément. « Les champs mûrs pour la
moisson » se manifesteront immédiatement,
comme dans tous les miracles de Jésus-Christ.

Le seul nom de Jésus-Christ comporte une
puissance formidable. Il représente la *Vérité
manifestée.* Il a déclaré : « Tout ce que vous
demanderez à mon Père, en mon nom, Il vous
le donnera. »

La puissance de ce nom élève l'étudiant jusqu'à la quatrième dimension, où il est libéré
de toutes les influences astrales et psychiques,
et il devient « inconditionné et absolu, comme
Dieu lui-même est inconditionné et absolu ».

J'ai vu de nombreuses guérisons accomplies,
en se servant des mots « Au nom de Jésus-
Christ ».

Le Christ était, à la fois, personne et prin-
cipe ; et le Christ, en chaque homme, est son
Rédempteur et son Salut.

Le Christ intérieur, c'est le Moi de la quatrième dimension, l'homme fait à l'image de Dieu et selon Sa ressemblance. C'est le Moi (JE SUIS) qui ne connaît pas l'échec, ni la maladie ni la souffrance, qui n'est jamais né et n'est jamais mort. C'est « la Résurrection et la Vie » en chaque homme !

« Nul ne vient au Père, que par le Fils », signifie que Dieu, l'Universel, agissant sur le plan du particulier, devient le Christ dans l'homme ; et le Saint-Esprit signifie Dieu-en-action.

Ainsi, quotidiennement, l'homme manifeste la Trinité du Père, du Fils et du Saint-Esprit.

Penser devrait atteindre à la perfection d'un art. Celui qui arrive à cette maîtrise doit avoir grand soin de ne peindre sur la toile de son esprit que selon le dessein divin ; il peint ses tableaux avec de magistrales touches de puissance et de décision, avec la foi parfaite qu'il n'y a point de pouvoir capable d'en altérer la perfection, sachant qu'ils se manifesteront dans sa vie, l'idéal devenant le réel.

Tout pouvoir est donné à l'homme (par la pensée juste) de réaliser *son Ciel sur la terre* et *voilà le but du « Jeu de la Vie »*.

Ses règles sont la foi exempte de crainte, la non-résistance et l'amour !

Puisse chacun de nos lecteurs être maintenant libéré de ce qui l'a retenu prisonnier
de si longues années, le séparant de ce qui
lui appartient, et puisse-t-il « connaître la Vérité qui le rendra libre » — libre d'accomplir
sa destinée, de provoquer la manifestation du
Divin Dessein de sa vie, la Santé, la Fortune,
l'Amour et l'Expression parfaite de soi. « Soyez
transformé par le renouvellement de votre
esprit. »

NEGATIONS ET AFFIRMATIONS

(Pour la Prospérité)

Dieu est ma richesse infaillible, et de grandes sommes d'argent viennent rapidement à moi, par la grâce et les moyens parfaits.

(Pour des Conditions Harmonieuses)

Tout plan que mon Père Céleste n'a point conçu se désagrège et se dissipe, et le Plan Divin se manifeste.

(Pour des Conditions Harmonieuses)

Seul, ce qui est vrai de Dieu est vrai de moi, car moi et le Père, nous sommes UN.

(Pour la Foi)

Comme je suis UN avec Dieu, je ne fais qu'un avec mon bien, car Dieu est à la fois le *Donateur* et le *Don*. Je ne puis séparer le *Donateur* du *Don*.

(Pour des Conditions Harmonieuses)

L'Amour Divin désagrège et dissipe maintenant tout état discordant dans mon esprit, dans mon corps et dans mes affaires. L'Amour Divin est le plus puissant Chimiste de l'Univers et Il dissout ce qui n'est pas Lui-même !

(Pour la Santé)

L'Amour Divin inonde ma conscience de santé et chacune des cellules de mon corps, de lumière.

(Pour la Vue)

Mes yeux sont les yeux de Dieu, je vois avec les yeux de l'esprit. Je vois clairement la voie ouverte ; il n'y a point d'obstacle sur mon chemin. Je vois clairement le Plan parfait.

(Pour les Directives)

Je suis divinement sensible à mes directives intuitives et j'obéis instantanément à Ta Volonté.

(Pour l'Ouïe)

Mes oreilles sont les oreilles de Dieu, j'entends avec les oreilles de l'esprit. Je suis non-résistant et prêt à me laisser conduire. J'entends.

(Pour le Travail)

J'ai beaucoup de travail
Divinement donné,
Je sers de mon mieux
Et suis fort bien payé.

(Pour être Libéré de tout Esclavage)

Je rejette ce fardeau sur le Christ qui est
en moi et je vais de l'avant — libre !

TABLE DES MATIERES

IMPRIMERIE BOSC FRÈRES
105, avenue Jean-Jaurès
69600 OULLINS

DÉPOT LÉGAL N° 9135
Février 1994